自治体と福祉改革

—少子・超高齢社会に向けて—

加藤　良重

公人の友社

はしがき

二一世紀の幕開けです。この世紀における日本社会のおおきな特徴点は、先進国にも例をみない規模と速さで少子高齢社会にはいることにあります。少子高齢社会は、個人の価値観・生きかたや家族と地域社会のあり方におおきな変化をもたらしつつ、社会・経済と政治・行政の仕組みに大転換をもたらしてきています。

社会福祉の分野では、いち早くからの地方分権の推進と措置から契約への制度変革をベースとした基礎構造改革がすすめられています。

地方分権では、一九八六年の機関委任事務の整理合理化によって、特別養護老人ホームや保育所の入所事務が市および福祉事務所をおく町村の事務とされて以来、市町村への事務権限の委譲がおこなわれてきました。二〇〇〇年四月一日からは、自治体と国との関係は、自治体を国の下部機関とする「上下・主従」の関係から「対等・協力」の関係へと法的な基盤整備がなされました。

社会福祉の基礎構造改革にむけては、まず「措置から契約へ」と一九九八年から保育所入所の仕組みが変わり、二〇〇〇年の介護保険制度の導入をへて、さらに障害者福祉の利用の仕組みの変化へとつながっていきます。これにあわせて、よわい立場にいる福祉サービス利用者の権利・利益の保護制度もととのいつつあります。また、住民にもっとも身近な市町村での地域福祉の展開がさらに重要性をましてきており、市町村は市民参加にもとづいた地域福祉計画の策定と推進にとりくんでいかなければなりません。

二一世紀は、自治体が一段と飛躍し、活動できる「自治体の世紀」といってもよいでしょう。市民、議員、首長、自治体職員の皆が、地域に根をはり、お互いに知恵をだし合い、時には共に汗を流しながら、まちづくりにとりくんでいくことによって、明るい未来の展望も開けてくるでしょう。

筆者は、二一世紀の最初の年度替わりの日をもって、三七年間におよぶ自治体職員としての現役生活を終了することになります。最後の八年間は、福祉担当の課長および部長として、福祉改革と分権改革の真っただ中に身をおきました。

本書の第一部では、少子高齢社会の現状と問題状況を整理するとともに、仕事の上で思い悩みながら実践してきたことをふまえて自治体福祉の課題と展望についてまとめてみました。

第二部では、準備段階から深いかかわりをもった介護保険制度について、わかりやすい解説をこころみるとともに、当面あるいは今後の課題についてもとりあげました。

本書が、少子高齢社会における自治体福祉のあり方を考える参考になれば幸いです。

最後になりましたが、本書出版にあたっては、公人の友社社長の武内英晴さんに大変お世話になり、感謝申しあげます。

二〇〇一年一月

著者　加藤　良重

もくじ

第六章　保険給付

第七章　サービス提供者

第一部　自治体福祉の課題と展望

第一章　少子高齢社会の現状と問題点

高齢者の絶対数がふえ、その割合もたかくなり、その反面で子供の絶対数がへり、その割合もひくくなる社会を少子高齢社会といいます。人口の高齢化は、平均寿命の伸びが直接の要因となっていますが、少子化も高齢化率を引きあげているおおきな要因となっており、高齢化と少子化とは表裏の関係にあります。なお、最近では「高齢社会」から「少子高齢社会」に呼び方も変わってきています。

一　人口構造の変化

日本の人口構造は、先進国においても際立って、急激な変化をしめしています。

最初に、日本の人口の推移と将来推計を主に国立社会保障・人口問題研究所編集「人口の動向・日本と世界―人口統計資料集―２０００」をもとにみておきましょう。

1　総人口の減少

日本の総人口は、第二次世界大戦をへて一九五〇年には八千三百二〇万人、高度経済成長期にはいる一九六〇年に九千三百四一万九千人、第一次オイルショックをへて一九七五年には一億一千百九四万人とふえつづけ、一九九九年には一億二千六百六八万六千人となっています。

将来推計では、ピークが二〇〇七年の一億二千七百七八万二千人で、それ以降は減少をつづけ二〇二〇年には一億二千四百一三万三千人となり、二一世紀の中間時点である二〇五〇年にはピーク時の七八・六パーセントにあたる一億四九万六千人になります。

なお、参考推計ですが、二一〇〇年にはピーク時の五二・七パーセントにあたる六千七百三七万人まで落ちこみます。

一国の総人口が減少するときは、歴史上で文化が衰退することを意味しており、日本社会の存亡にかかわる由々しき問題です。

ここで、一般世帯の一世帯あたりの平均世帯人員をみると、一九六〇年に四・一四でしたが、一九七〇年に三・四一にへり、さらに一九九五年には二・八二までへっています。家族の小規模化や核家族化が確実にすすんでいることがわかります。

2　高齢化の速さと割合の高さ

六五歳以上の者を高齢者といっていますが、高齢者が総人口にしめる割合を高齢化率といいます。

高齢者人口（かっこ内は高齢化率）の推移は、一九五〇年には四百一〇万九千人（四・九パーセント）でしたが、一九六〇年には五百三五万人（五・七パーセント）、一九七〇年には七百三三万一千人（七・一パーセント）となり、一九九四年には一千七百五八万五千人（一四・一パーセント）におおきくふえ、一九九九年には二千百一八万六千人（一六・七パーセント）とふえつづけています。

全人口にしめる六五歳以上人口の割合が七パーセントをこえた社会を「高齢化社会（aging society）」、一四パーセントをこえた社会を「高齢社会（aged society）」といいます。日本では一九七〇年に高齢化社会にはいり、二四年後の一九九四年には世界に例をみない超スピードで倍の一四パーセントをこえて高齢社会にはいっています。

将来推計では、二〇一〇年に二千八百一二万六千人（二二・〇パーセント）、二〇二〇年に三千三百三三万五千人（二六・九パーセント）にふえ、二〇五〇年には三千二百四五万四千人（三二・三パーセント）と高齢者人口はへりますが、高齢化率は上昇します。

二一世紀のはじめには高齢化率は世界一の水準になり、二一世紀半ばになると高齢者はおおむね国民の三人に一人の割合になり、人類未踏の超高齢社会にはいることになります。

このように高齢者人口の増加や高齢化率の上昇をもたらしている最大の要因は、平均寿命の伸びです。日本人の平均寿命は、一九五〇年には男五九・五七歳、女六二・九七歳でしたが、一九九九年には男七七・一〇歳、女八三・九九歳でいずれも一〇年以上の連続世界一をつづけており、「人生八〇年時代」にはいっています。これからも長寿化はさらにすすみ、二〇五〇年には男七九・四三歳、女八六・四七歳に達するものと予測されています。

一〇〇歳以上の人口をみますと、一九七〇年に三一〇人、一九八〇年に九六八人、一九九〇年に三千二九八人、一九九九年には一万一千三四六人となり、ここ数年では一年間に一千人程度ふえています。

平均寿命の伸びは、医学・医術の発達や生活水準の向上などにもとづくものですが、他方で後にのべる少子化を背景に人口の高齢化は急速にすすんでいます。

高齢化は欧米でも顕著になっていますが、将来的にはアジア諸国も高齢化がすすむことが予測され、二一世紀は世界的に高齢社会が到来することは確実であるといってよいでしょう。

3　年少人口の減少

人口構造は、統計の上で、〇歳から一四歳までの「年少人口」、一五歳から六四歳までの「生産年齢人口」および六五歳以上の「老年人口」の三つの区分が用いられています。

これまでのべてきた高齢者人口が老年人口にあたりますが、次に年少人口の状況をみておきましょう。

年少人口（かっこ内は比率）は、一九五〇年に二千九百四二万八千人（三五・四パーセント）でしたが、一九六〇年に二千八百六万七千人（三〇・〇パーセント）、一九七〇年に二千四百八二万三千人（二三・九パーセント）と二五パーセントを割り、一九八〇年に二千七百五〇万七千人（二三・五パーセント）、一九九七年には一千九百三六万六千人（一五・四パーセント）となって、ついに高齢者人口一千九百七五万八千人（一五・七パーセント）を下まわってしまいました。

将来推計では、二〇〇五年に一千八百二三万五千人（一四・三パーセント）、二〇一〇年に一千八百三一万人（一四・四パーセント）、二〇二〇年に一千六百九九万三千人（一三・七パーセント）、二〇五〇年には一千三百一三万九千人（一三・一パーセント）とへりつづけます。

このような年少人口の減少の要因は出生率の低下にあります。近年、女性の晩婚化がすすみ、非婚化がふえており、それにともなって子供の出生数が年々へってきています。

結婚（初婚）の平均年齢では、一九九九年で夫が二八・七歳で、ここ数年横ばいですが、妻の場合には二六・八歳で過去五年間に〇・一歳ずつ上がっており、さらに晩婚化がすすんでいくものと予測されています。

また、合計特殊出生率（一人の女性が生涯に生む子供の平均数）は、一九五〇年に三・六五でしたが、一九六〇には二・〇〇に低下し、さらに一九七五年には一国の人口水準を維持するのに必要な水準（人口置換水準）である二・〇八を割って一・九一となり、一九八九年の「一・五七」

別表　　《人口指標の推移と推計》

年	総人口	年少人口	老年人口	平均寿命	100歳以上人口	合計特殊出生率	平均世帯人員
	千人	千人	千人	（男）　（女）	人		（総世帯）
1950	83,200	29,428 （35.4%）	4,109 （4.9%）	59.57　62.97	—	3.65	5.02
1960	93,419	28,067 （30.0%）	5,350 （5.7%）	65.32　70.19	—	2.00	4.52
1970	103,720	24,823 （24.0%）	7,331 （7.1%）	69. 31　74.66	310	2.13	3.73
1980	117,060	27,507 （23.5%）	10,647 （9.1%）	73.35　78.76	968	1.75	3.25
1990	123,611	22,486 （18.2%）	14,895 （12.0%）	75.92　81.90	3,298	1.54	3.01
1995	125,570	20,014 （15.9%）	18,261 （14.5%）	76.38　82.85	6,378	1.42	2.85
1999	126,686	18,742 （14.8%）	21,186 （16.7%）	77.10　83.99	11,346	1.34	—
2005	127,684	18,235 （14.3%）	25,006 （19.6%）				
2010	127,623	18,310 （14.4%）	28,126 （22.0%）				
2020	124,133	16,993 （13.7%）	33,335 （26.9%）				
2030	117,149	14,882 （12.7%）	32,768 （28.0%）				
2040	108,964	14,062 （12.9%）	33,726 （31.0%）				
2050	100,496	13,139 （13.1%）	32,454 （32.3%）				

主要先進国の合計特殊出生率（1998年）

日　本	1.38
アメリカ	2.06
デンマーク	1.72
フランス	1.75
ドイツ	1.33
イタリア	1.19
スウェーデン	1.51
イギリス	1.70

注：統計数値は「人口の動向　日本と世界―人口統計資料集―2000」国立社会保障・人口問題研究所編集（財団法人厚生統計協会発行）により作成。

ショックをへて、なおもへりつづけ一九九九年には一・三四まで下がり、上昇の兆しはみえてきていません。

二　高齢者をめぐる問題状況

長生きは人類の悲願でしたが、長寿高齢化は高齢者および高齢者をとりまく状況におおきな変化をもたらしています。その主なものをみておきましょう。

1　要介護高齢者の増加

(1)　要介護高齢者数の増加

高齢者、とくに七五歳以上の後期高齢者の増加にともなって、寝たきりや痴呆によって介護を必要とする高齢者や虚弱高齢者が年々ふえています。

(2) 要介護状態の長期化・重度化

一九九五年厚生省調査では、寝たきりの者のうち、三年以上の寝たきりの者が五三パーセント、一年以上寝たきりの者が約七五パーセントとなっており、要介護状態介護の長期化がすすんでいます。

また、各自治体の介護保険の要介護認定の状況をみますと、重度の要介護四および要介護五が一定割合(二〇〇〇年三月末現在で全国平均の認定申請者のうち二〇・一パーセント)をしめていることからも要介護状態の重度化がすすんでいることがわかります。

(3) 介護者の高齢化

寝たきり高齢者の主な介護者について、年齢別にみますと、六〇歳以上が五二・五パーセントで、このうち七〇歳以上が二四・二パーセントをしめています(厚生省 平成七年「国民生活基礎調査」)。

「高齢者が高齢者を介護する」いわゆる「老老介護」の割合がふえており、介護者の高齢化がすすんでいます。

《要介護高齢者数》

区　　分	1993年	2000年	2010年	2025年
	万人	万人	万人	万人
寝たきり	90	120	170	230
痴呆性（要介護）	10	20	30	40
虚弱	100	130	190	260
合　計	200	280	390	520

資料：厚生省推計

（4） 家族介護力の低下

都市化と少子化がすすむなかで、一世帯構成員のすくない家族の小規模化、一組の夫婦と未婚の子どもからなる核家族化がふえています。また、事実上の介護のにない手である女性の社会進出がすすんでいますが、介護のために退職せざるを得ない女性労働者も相当数にのぼっています。

さらに、近年においては、民法八七七条の親族の扶養義務規定にもかかわらず、とくに若年者に扶養意識の変化があり、また世帯構成、経済的負担、家屋構造などから家族介護の困難さがましています。

2 ひとり暮らし高齢者等の増加

長寿高齢化にともなって、ひとり暮らしおよび高齢者のみ世帯がふえています。その中で、地域社会から孤立し、孤独な生活をおくっている高齢者もふえています。死後何日か経って発見される「孤独死」があとを絶ちませんし、火を出さないかと近隣で心配される高齢者も数おおくいます。

《６５歳以上の者の数および割合》

区　分	1980年	1990年	1995年	1999年
ひとり暮らし	910（8.5）	1,613（11.2）	2,199（12.6）	2,703（13.0）
夫婦のみ	2,100（19.6）	3,714（25.7）	5,125（29.4）	7,007（33.7）

資料：厚生省「国民生活基礎調査報告」及び「厚生行政基礎調査報告」による。
注：単位は千人で、（　）内は全人口に占める割合（％）

3　元気な高齢者の増加

高齢化による心身機能の低下にともなって、介護を要する高齢者の割合は一〇パーセントから一二パーセントとみられており、多数の高齢者は介護を必要とせずに、元気に日常生活をおくっています。

これらの高齢者のなかには、就労や地域活動をとおして社会参加をしている高齢者も多数いますが、希望しながらもその機会や場のない高齢者も相当数います。

三　子どもをめぐる問題状況

子どもの絶対数と全人口にしめる割合が減少しつづけていますが、このことは日本の社会経済におおきな影響をおよぼしています。その主なものをみておきましょう。

1　子どもの健全な成長への影響

《従属人口指数の推移及び推計》

1970年	1980年	1990年	1995年	2005年	2010年	2020年	2030年	2050年
44.9	48.4	43.5	43.9	51.2	57.2	68.2	68.6	83.0

資料　総務庁「国勢調査」及び国立社会保障・人口研究所「日本の将来推計人口」（平成９年１月推計）による。
注１：従属人口指数とは、年少人口（０～１４歳）および老年人口（６５歳以上）の生産年齢人口（１５～６４歳）に対する比率です。
注２：単位は千人で、（　）内は全人口に占める割合（％）

子どもの数の減少は、子ども同士や世代間の接触の場をすくなくしています。このことは、子どもに社会性が欠ける原因にもなり、子ども自身の情緒や人格形成を阻害することにもなりかねません。

2　生産年齢人口の減少

少子高齢社会では、生産年齢人口（一五歳～六四歳）がへりつづけていますが、このことは、労働力人口の確保という点から日本の経済成長を制約する要因にもなりかねません。

3　現役世代の負担の増大

少子高齢化の進展は、年金・医療・福祉等の社会保障の分野における現役世代の負担を増大させます。このことは、現役世代の不平等・不満感をますとともに、租税負担と合わせて現役世代の手取り所得の低迷につながることにもなります。

《年少人口の推移及び将来推計》

1970年	1980年	1990年	1995年	2005年	2010年	2020年	2050年
24,823 (23.9)	27,507 (23.5)	22,486 (18.2)	20,014 (15.9)	18,235 (14.3)	18,310 (14.4)	16,993 (13.7)	13,139 (13.1)

資料：国立社会保障・人口問題研究所「日本の将来推計人口」（平成9年1月推計）
注：単位は千人で、（　）内は全人口に占める割合（%）

《生産年齢人口の推移及び将来推計》

1970年	1980年	1990年	1995年	2005年	2010年	2020年	2030年	2050年
71,566 (69.0)	78,835 (67.4)	85,904 (69.5)	87,165 (69.4)	84,443 (66.1)	81,187 (63.6)	73,805 (59.5)	69,500 (59.3)	54,904 (54.6)

資料　総務庁「国勢調査」及び国立社会保障・人口研究所「日本の将来推計人口」（平成９年１月推計）による。
注：単位千人で、（　）内は全人口に占める割合（%）

《国民負担率の推移》

	1970年	1980年	1990年	1995年	1998年
国民負担率	24.3%	31.3%	39.2%	36.5%	37.3%
租税負担率	18.9	22.2	27.8	23.3	23.0
社会保障負担率	5.4	9.1	11.4	13.2	14.3

資料　大蔵省調べ
注：国民負担率＝租税負担率＋社会保障負担率

第二章　自治体福祉の政策課題

日本は、先進国が経験したことのない規模と速度で進展している少子高齢社会にむけて、緊急に解決をせまられている困難な課題に直面しています。

これまでにのべてきた少子高齢社会の現状と問題点をふまえて、基礎的自治体である市町村を中心とした政策課題について検討してみます。

一　高齢社会における政策課題

日本においては、二一世紀の超高齢社会を誰もが、健康で、安心して、生きがいのもてる明るく活力のある社会、たまたま介護を必要とするようになっても、人間としての尊厳を保ちつづけて生涯をおくることのできる社会を構築することが最大の課題であるといえます。

1　介護問題への対応

第一の課題は、国民の高齢期の最大の不安要因である介護問題への対応です。

加齢にともなう高齢者の心身機能の低下はさけられず、とくに七五歳以上の後期高齢者の増加にともなって、寝たきり高齢者や痴呆性高齢者などの介護問題への対応が問われてきました。介護を必要とする高齢者の絶対数が増大するなかで、先にのべたように要介護状態の重度化・長期化、介護者の高齢化（老老介護）、介護者の心身にわたる疲労、介護家族の経済的負担などおおくの問題が深刻化してきました。

他方で、家族の小規模化や現実の介護のにない手である女性の就労などの社会進出（反面で介護のために退職を余儀なくされるケースもあります。）、扶養意識の変化などによって家庭における介護力は低下してきており、家族介護にたよることには限界がきています。このような状況のなかで、各種調査等をみても、国民の高齢期の最大の不安要因は本人または配偶者の病気や介護問題となっています。六五歳以上人口の一〇パーセントないし一二パーセントの介護を必要とする高齢者―これには誰もがなる可能性があり、これらの高齢者を社会全体で支えていく仕組みを構築していかなければなりません。

介護保険制度は、これに対する一つの、しかも重要な解答ですが、これで介護問題がすべて解決するわけではありません。介護基盤の整備につとめながら、介護保険制度の適切かつ円滑な運営をおこなうとともに、介護予防や生活支援などの周辺の施策を充実し、介護保険制度と連動させながら、総合的・一体的な事業展開がのぞまれます。

また、困ったときは、まず相談です。身近に利用できる高齢者福祉の総合相談窓口の整備・充実ももとめられています。

2 ひとり暮らし高齢者等の支援

第二の課題は、長寿化にともないふえつづけているひとり暮らし高齢者や高齢者のみ世帯への支援です。

これらの高齢者にたいしては、何よりも孤独感の解消と安否の確認のための仕組みづくりが重要です。そのために、会食などによる交流の場づくりをすすめるとともに、民生委員等を核とした地域住民による話し相手や見守りなどのネットワークをつくっていくことが必要になってきます。

また、日常生活に支障をきたしている高齢者への援護活動として、家事援助や食事サービスなどの生活支援を充実していくことも必要です。

※ **老人介護支援センター**
高齢者福祉にかんし、必要な情報の提供・相談・指導や主として居宅の要介護高齢者等と市町村、老人福祉施設、医療施設等との連絡調整などの援助を総合的におこなうことを目的とする施設です。

とくに在宅福祉にかんする総合相談窓口としての機能を中心的になっています。

3　社会参加活動の推進

第三の課題は、大多数をしめる健康で元気な高齢者にたいする施策を積極的に推進することです。長寿高齢社会にあっても、大多数の高齢者は健康で他人の世話を必要とせずに、自立した日常生活をおくっています。

日本の場合には、高齢者の就労率は諸外国に比べても高いのですが、生産年齢人口の減少していくなかで、さらに高齢者の労働力活用がもとめられています。

自治体レベルにおいては、シルバー人材センターによって、一般雇用になじまないが働く意欲をもっている健康な高齢者のための就業機会が確保されています。シルバー人材センターは、高齢者の知識、経験、希望にそった仕事をとおして社会参加して、会員の健康の維持増進と生活感の充実をはかるとともに、地域社会に貢献しています。

自治体としても、高齢者の能力をいかした活力ある地域社会づくりのために、拠点の整備や仕事の発注などのシルバー人材センターに対する支援策を一層充実していく必要があります。

また、地域社会においてボランティア活動や自主的なグループ活動などを通じて社会参加を積極的におこなっている高齢者も多数います。

自治体と直接にかかわりをもっている団体は老人クラブです。

老人クラブは、高齢者の心身の健康の増進をはかり、老後生活を健全で豊かにすることを目的とした自主的な組織ですが、活動内容は、社会奉仕活動、スポーツ・レクレーション活動、趣味活動、教養講座など幅ひろいものとなっています。

自治体としては、運営費の助成や活動拠点の整備などの支援策を充実させていく必要があります。

さらに、高齢者と接する機会のすくない少子社会にあって、高齢者と子どもとのさまざまな形での交流の場をつくっていくこともそのぞまれます。

いずれにしても、高齢者が永年にわたって培ってきた知識・技能や経験をいかせる機会と場を確保・拡充していくとりくみが一層、重要になってきています。

二　少子社会における政策課題

少子社会の進展も、子ども自身の社会性の低下、経済面の活力の低下、労働力の不足、社会保障分野での負担の増大などおおくの問題をなげかけています。

また、少子社会のかかえる問題は、福祉、教育、労働、住宅などひろい分野にかかわっており、自治体・国をはじめとして、産業・労働界、地域社会や関係機関、家庭などが総力をあげてとりくんでいかなければ解決できません。

「結婚する、しない」や「子どもを生む、生まない」ということは極めて個人的な領域のことであり、公的な介入はさけなければなりませんが、政策的には、何よりも安心して子どもを生み育てることができ、子ども自身が健やかに成長できる社会環境を整備することが重要です。

少子社会にかかわる自治体の最重要課題は、子育て支援施策を総合的に推進することですが、その場合に「児童の最善の利益」（児童の権利に関する条約）が最優先されなければなりません。

自治体における主要課題をみておきます。

1　子育て相談

第一の課題は、子育て相談の充実です。

子育ての経験のない若い母親が子育てに悩み、育児ノイローゼになって、子どもを虐待するケースもふえています。高齢者の介護でも同じですが、困ったら何よりも相談が大事であり、身近で気軽に相談できる場をつくっていく必要があります。

経験や専門知識をいかした地域の保育所での育児相談、児童館等での子育て中の父母同士の交流、民生委員・児童委員の地域施設とのかかわりによる相談活動等多様なとりくみがなされています。これらのとりくみを一層、拡充していくことがもとめられてい

※　児童の権利に関する条約

一般に「子どもの権利条約」といい、国際連合が一九八九年一一月二〇日に採択し、翌年九月に発効した児童の権利に関する総合的条約です。

その内容は児童の生存・保護・発達、児童の最善の利益、児童の意見表明の権利など児童を権利行使の主体とした点において画期的なものです。

日本は、この条約を一九九四年に批准し、世界では一五八番目の締約国になりました。

ます。

また、自主的な子育て支援サークルの活動もありますが、これにたいする自治体の側面的な支援などもあってよいでしょう。

今後、役所内の相談窓口の拡充も課題となってきますが、この場合の相談担当者としては、保育や健全育成にたずさわってきたベテラン職員を再任用制度の活用によって登用することも検討されてよいでしょう。

2　育児と就労の両立支援

第二の課題は、育児と就労が両立できるよう支援していくことです。

具体的な支援策として保育事業があります。保育所は、児童福祉法にさだめる児童福祉施設として保育に欠ける乳幼児をあずかり、保育しています。

女性の就労形態も多様で、保育ニーズも多様化しており、時間延長保育、産休明け保育、一時保育、障害児保育などの特別保育の拡充がもとめられています。

また、子どもの数がへっているとはいえ、とくに都市部の自治体においては〇歳から三歳未満の低年齢児の入所枠が不足しており、いわゆる待機児を多数かかえています。

保育所については、該当年齢のうちの一部のものしか利用していないとの公平性からの批判もありますが、少子化のなかで同年齢や異年齢の子どもたちと交流する場とし重要性がましてきているといえます。保育所での集団生活によって、社会性や規律を身につけることにおおきな意義があるといえます。

保育所の入所の仕組みは、一九九七年の児童福祉法の改正によって、従来の「保育の措置」は「保育の実施」に変わりました。

従来の保育所入所の仕組みは、行政庁（市町村）の職権にもとづく行政処分（措置）でしたが、制度改正によって保護者と市町村との間の契約（公法上の契約）へとおおきく変わりました。保育事業の実施にあたっては、これらの改正を十分にふまえたものでなければなりません。

保育事業の実施主体は、市町村や社会福祉法人が主となっていますが、都市部においては希望者を受けいれきれず、個人経営の保育室（無認可保育室）や家庭福祉員（保育ママ）が保育事業の一翼をになっています。自治体の助成によって、経営の安定化をはかることも課題となっています。

3　母子保健対策

第三の課題は、母性ならびに乳幼児の健康の保持増進をはかるための母子保健対策の充実です。国および自治体は、母性および乳幼児の健康の保持および増進につとめる責務を負っていますが、市町村の役割は、住民に身近なところで、健康相談、妊娠・出産・育児相談、保健指導、訪問指導、健康診査、妊娠届けの受理、母子健康手帳の交付など、妊娠・出産から育児にまでおよんでおり、乳幼児保健について一貫したサービスを提供しています。

これらの事業自体が、子育て支援にむすびつくものですが、育児経験や地域交流のとぼしい母親への知識の提供や相互交流のための教室をひらくなどの直接的な子育て支援事業も実施しています。

また、市町村は、これらの事業を総合的・計画的に実施するために、母子保健計画および栄養指導計画を策定して、より有機的、効果的に事業展開をはかっています。

地域の母子保健の向上をはかり、子どもの健康と福祉を守るために、母子保健対策の一層の充実がもとめられています。

4 子どもの健全育成

第四の課題は、子どもの健全育成のための環境づくりです。

近年における子どもを取りまく環境は、悪化の一途をたどっています。虐待、いじめ、自殺、覚醒剤等の薬物使用、非行・犯罪など枚挙にいとまがありません。

市町村がおこなっている子どもの健全育成策には、児童福祉法にもとづく児童館事業および放課後児童健全育成事業があります。

児童館

児童館は、児童に健全な遊びをあたえて、その健康を増進し、情操を豊かにすることを目的とした児童福祉施設です。そこでは、ボランティアの参加をえながら各種の「健全な遊び」のとりくみとともに、若い親や親子同士の交流の場として子育て支援の一翼をもになっています。

ところで、児童とは、児童福祉法では満一八歳未満の者をいうとされており、児童館の利用者には中学生・高校生も対象とされていますが、その生活時間帯から午後五時以降の時間延長がもとめられています。また、中学生・高校生にとっては、児童館という名称のゆえにその利用について抵抗感をもっている者もいます。

児童館については、地域の諸団体とも連携のとれた活動をすすめる児童の健全育成の拠点として、また、子育て支援のネットワークを支える一拠点としても、事業活動を充実していく必要があります。

放課後児童健全育成事業

次に、放課後児童健全育成事業は、一九九七年の児童福祉法の改正によって、法制化された事業ですが、それまでは国の補助事業として学童クラブや学童保育の名称で実施されてきました。

この事業は、保護者が労働等によって昼間、家庭にいない小学校低学年の児童にたいして学校の授業終了後に適切なあそびと生活の場をあたえて、子どもの健全育成をはかる事業ですが、子育てと就労の両立支援の側面もあります。

放課後児童健全育成事業は、共働きの一般化するなかで、利用希望者が増加しており、少子化対策の一環としても重要な役割をになっており、施設の増設や時間延長などがもとめられています。さらには、重度障害児の受けいれも課題となっています。

ところで、市町村の役割は、児童の健全な育成に資するために放課後児童健全育成事業について、相談・助言、自らの事業実施、市町村以外の事業をおこなう者との連携をはかることなどによって、利用の促進につとめることとされています。

従来の学童保育（クラブ）事業の実施主体は市町村に限られていましたが、児童福祉法の改正によって社会福祉法人その他の者が事業をおこなうことができます。その他の者には法人格をもたない地域の父母会などの任意団体もひろくふくまれ、地域の実情におうじた多様な実施主体による事業展開に道がひらかれています。

また、実施場所についても、児童厚生施設、学校の余裕教室、保育所、集会所など諸々の社会資源の有効活用も考えられます。幼児の減少している幼稚園の活用などもはかられてよいのではないでしょうか。

第三章　自治体と公共・公益福祉団体

地域福祉がすすむなかで、市民や自治体とのかかわりをもちながら、おおくの機関・団体・個人が福祉活動にたずさわっています。利用者の選択幅をひろげたり、競争による質の向上の観点からもサービス供給主体の多様化・多元化がのぞまれます。

そこで、地域社会において、法的根拠をもつ社会福祉にかかわりのある機関・団体について整理・分類をこころみ、その方向性について考えてみましょう。

一　公共的福祉団体

1　社会福祉法にさだめる機関・団体

社会福祉法は、社会福祉を目的とする事業の全分野における共通的事項をさだめ、社会福祉を目的とする他の法律と相まって、福祉サービス利用者の利益の保護および地域福祉の推進をはかることと、社会福祉事業の公明かつ適正な実施の確保および社会福祉を目的とする事業の健全な発達をはかることによって社会福祉の増進に資することを目的として制定されています。

社会福祉法には、社会福祉をになう機関・団体として、福祉事務所、社会福祉協議会および社会福祉法人について規定をもうけています。

福祉事務所

福祉事務所は、社会福祉法では「福祉に関する事務所」といわれており、社会福祉にかんする自治体の専門機関で、社会福祉行政の第一線現業機関です。

都道府県および市（特別区をふくむ）は、条例で、福祉事務所を設置しなければなりません。町村は、条例で、その区域を所管区域とする福祉事務所を設置することができます。また、町村は、必要がある場合には、地方自治法の規定により一部事務組合または広域連合をもうけて、福祉事務所を設置することができます。

福祉事務所には、次のような職員がおかれます。

① 所　長

所長は、都道府県知事または市町村長の指揮監督をうけて、福祉事務所の事務を担当し、とりまとめをおこないます。

② 指揮監督をおこなう所員

指揮監督をおこなう所員は、所長の指揮監督をうけて、現業事務の指導監督を担当します。

③ 現業をおこなう所員

現業をおこなう所員は、所長の指揮監督をうけて、援護・育成・更生の措置を要する者等の家庭を訪問し、または訪問しないで、これらの者に面接し、本人の資産・環境等を調査し、保護その他の措置の必要の有無およびその種類を判断し、本人にたいし生活指導をおこなう等の事務を担当します。

④ 事務をおこなう所員

事務をおこなう所員は、所長の指揮監督をうけて、所の庶務を担当します。

市町村の設置する福祉事務所は、生活保護法、児童福祉法、老人福祉法、身体障害者福祉法等にさだめる援護、育成または更生の措置にかんする事務のうち、市町村が処理することとされているものを担当します。

これらの事務を処理するにあたっては、通常、市町村長から福祉事務所長に権限の委任がおこなわれ、対外的にも福祉事務所長名で事務がおこなわれています。

近年になって、福祉事務所の担当する事務は複雑・多様化し、事務量も非常におおくなっていることから、行政組織のなでも福祉担当部を福祉事務所とするような工夫がされています（大福祉事務所制）。

＊権限の委任と代理

権限の委任は、行政庁がその権限の一部を他の行政機関に委譲することで、これによって、委任した行政庁はその権限委任事項を処理する権限を失い、委任をうけた行政機関が、その権限を自己の権限として、自己の名と責任において行使します。

これにたいして、権限の代理は、行政庁の権限の全部または一部を他の行政機関が代理者として、代理される行政庁の名においてその権限を行使し、その行為は代理される行政庁の行為としての効力を生じます。

社会福祉協議会

社会福祉協議会は、社会福祉法に特別の根拠をもっています。社会福祉協議会は、市町村、都道府県および全国の各段階に組織されています。このうち、市町村社会福祉協議会の基本的な性格は市町村の区域内において、地域住民、社会福祉事業または更生保護事業を経営する者、ボランティア団体、ＮＰＯなどにより構成される地域の公益的・自立的組織です。改正社会福祉法（二〇〇〇年四月一日施行）で、地域福祉の主要なにない手である社会福祉協議会に、事業者だけでなく、福祉活動をおこなう住民などが参加することが明確にされました。

市町村社会福祉協議会は、社会福祉を目的とする事業にかんして、次のような役割をもっています。

① 調査、企画、連絡調整および普及宣伝

② 社会福祉にかんする活動への住民の参加のための援助

③ 社会福祉を目的とする事業の企画および実施

④ 情報提供、総合相談、権利擁護などの適切なサービス利用を支援するための事業

このうち④は改正社会福祉法で新たに追加されたもので、市町村社会福祉協議会のおこなう事業は、日常的生活支援などの地域住民の参加によるものに重点化され、一般の事業者に期待できない分野の事業をおこなうことを社会福祉協議会の役割として明確にしました。

また、改正社会福祉法では、これまで市町村単位に設置されてきたものを、広域的事業の実施と経営基盤強化のため、複数の市町村を範囲とする社会福祉協議会の設立もできるようになりました。これによって、小規模町村等において、社会福祉協議会は介護保険事業等のにない手としても期待されます。

市町村社会福祉協議会は、民間の自立的組織ですが、公益的な性格をもっていることから、人件費や事務所などの運営費については、市町村・都道府県・国の補助金でおおくがまかなわれており、また理事会や評議員会の役員には市町村職員もはいっています。

市町村社会福祉協議会の地域社会での役割はおおきく、その自立性を尊重しながら、地域福祉の充実のために、市町村との連携・協力について一層の強化がもとめられています。

社会福祉法人

一般の社会福祉法人は、社会福祉法にもとづいて社会福祉事業を目的として、都道府県知事の認可をうけて設立された法人です。

社会福祉事業には、第一種社会福祉事業と第二種社会福祉事業があります。

第一種社会福祉事業は、第二種社会福祉事業にくらべて公共性がたかく、利用者におおきな影響をあたえることも考えられるので、つよい規制と監督の必要性の高いもので、経営主体は原則として、国、自治体、社会福祉法人とされています。

第一種社会福祉事業には次のようなものがあります（高齢者および子ども関係）。

① 児童福祉法にいう乳児院、母子生活支援施設、児童養護施設等を経営する事業

② 老人福祉法にいう養護老人ホーム、特別養護老人ホームまたは軽費老人ホームを経営する事業

第二種社会福祉事業は、第一種社会福祉事業にくらべて、それほどつよい規制と監督を必要とみなされていないものです。

第二種社会福祉事業には次のようなものがあります（高齢者および子ども関係）。

① 児童福祉法にいう放課後児童健全育成事業、保育所・児童厚生施設・児童家庭支援センターを経営する事業、児童福祉の増進について相談に応ずる事業等

② 老人福祉法にいう老人居宅介護等事業、老人デイサービス事業、短期入所事業、

※乳児院

家庭環境上の問題をかかえている二歳未満の乳幼児を預り、養育する施設です。

※母子生活支援施設

六歳未満の児童を養育等している女性が、生活上の問題によって、その養育などを十分におこなうことができない場合に母子ともに入所させて、その自立を支援する施設です。

※児童養護施設

家庭環境上の問題をかかえる一歳から一八歳未満の子どもを保護・養育し、家庭復帰や社会的自立をはかる施設です。

老人デイサービスセンター・老人短期入所施設・老人福祉センター・老人介護支援センターを経営する事業

社会福祉法人は、とくに保育所や特別養護老人ホームなどの福祉施設の経営にはおおきな役割をになっています。また、自治体から福祉施設の運営委託や老人介護支援センター事業等の運営委託をうけて、地域社会への貢献度にもたかいものがあります。

自治体には、地域内で社会福祉事業をおこなっている社会福祉法人と密接な連携をはかりながら、地域の福祉力をたかめる責務があるといえます。

2　公益法人

公益法人は、民法第三四条の「公益ニ関スル社団又ハ財団ニシテ営利ヲ目的トセザルモノ」として、都道府県知事の許可をえて設立されます。

この公益法人には、社団法人と財団法人の二種類があります。

社団法人

社団法人は、一定目的のために結合した人の集団を基礎として設立された法人です。

市町村段階における社団法人には、シルバー人材センターがあります。

シルバー人材センターは、高齢者の雇用等の安定等に関する法律にもとづいて都道府

※養護老人ホーム

原則として六五歳以上で経済的または日常生活上の困難もしくは家庭環境によって自宅で生活することが困難な高齢者が入所する施設です。

※特別養護老人ホーム

原則として六五歳以上で寝たきりなどによって日常生活に障害があるため、常時介護が必要な高齢者が入所する施設です。

※軽費老人ホーム

原則として六〇歳以上、または一方が六〇歳以上の夫婦で、家庭環境や住宅事情により、居宅での生活が困難な高齢者が低額な費用で入所する施設です。

県知事の指定をうけたもので、高年齢退職者の希望に応じた臨時的かつ短期的な就業の機会を確保し、組織的に提供し、就業を援助しています。

シルバー人材センターは、会員の豊かな経験と知識・技能をいかして地域社会に貢献していこうという理念のもとに、リサイクル事業、庭木剪定、障子・ふすま貼り、子どもの予習教室などのほかに、公共施設の管理・清掃など自治体からの受託事業もおおくおこなっています。

これらの活動は、高齢者の就業をとおしての社会参加と生きがいづくりという側面をもっていますが、高齢社会のなかで高齢者が高齢者を支えるとの考えから、家事援助サービスなどの福祉事業も積極的におこなっています。

シルバー人材センターについても、事務局職員の人件費や事務所などの運営経費については市町村・都道府県・国の補助金でおおくがまかなわれており、自治体との関連がふかいことから理事会の役員に自治体職員がはいっています。

世界に類をみない超高齢社会を目前にして、地域社会でシルバー人材センターのはたす役割はますます重要になってきます。新規事業の開拓などシルバー人材センターの主体的な努力は当然のこととして、自治体としても委託事業の拡大もふくめて側面からの支援を強化していく必要があります。

財団法人

財団法人は、一定目的のために提供された財産を運営するために設立された法人です。

市町村段階における代表的な財団法人として、福祉公社があります。福祉公社は、自治体から提供される基本財産をもとに運営されることから民法上の公益財団法人の方式がとられています。

福祉公社の特徴は、福祉サービスを利用する利用会員と福祉サービスのにない手である協力会員、または金銭的な支援をおこなう賛助会員もふくめた会員制の互助組織で、利用会員は比較的にやすい利用料を支払う有料制で、協力会員は利用料相当額を活動費としてうけとる有償制となっていることです。

事業内容としては、介護・家事援助サービスを中心に配食サービス、相談、介護者教室、教養・レクレーション活動などの独自事業のほかに、自治体から福祉施設の管理運営等の委託をうけている福祉公社もあります。

福祉公社の設立は、任意団体として実績を積んでから法人格を取得するケースもおおかったのですが、法人化のためには、たとえば東京都の場合には、超低金利の影響もあって五億円の基本金（自治体から出資）を必要としています。財政難の折、中小規模の自治体にとっては、この財政負担は厳しいものとなっています。

また、福祉公社の設立主体は自治体となることから、事業運営に必要な職員の人件費や事務所などの経費は自治体負担となっており、主要な職員は自治体からの派遣や事務従事となっています。

福祉公社は、東京都武蔵野市が最初に開発した有償の在宅福祉サービス提供の仕組みで、一時は厚生省の奨励もあって全国的な広がりをみせていましたが、社会福祉制度がおおきく変革するなかで見直しをおこなっている自治体もふえています。

とくに、介護保険制度の実施にともなって、指定居宅サービス事業者等として事業をおこなう場合は別として、従前どおりに事業をつづけることは困難になってきており、社会福祉協議会との統合、非営利活動団体（ＮＰＯ）との任務分担などを視野にいれながら抜本的な見直しがもとめられています。

なお、福祉公社以外にも、自治体が財団法人を設立して、介護老人保健施設などの運営や居宅介護支援事業にあたらせるケースもあります。また、民間で財団法人を設立し、病院、介護老人保健施設、訪問看護ステーションを経営する例もあります。

医師会・歯科医師会・薬剤師会の場合

医師会・歯科医師会が、法人格をもつ場合の法的根拠は民法第三四条です。

医師会・歯科医師会は、それぞれ医学・歯科医学の発展と地域社会に貢献することを目的とした団体であり、地域医療の中枢的な存在です。

医療と保健・福祉とは密接な関係をもっており、高齢者の複合的なニーズに的確にこたえるために、保健・医療・福祉の連携がもとめられています。個別のサービス提供の場での連携のみならず、保健・医療・福祉の総合化のためのフォーマルなサービス調整システムがもうけられており、その中心的な役割をになっているのが医師会所属の医師です。

また、介護保険の導入にともなって、介護保険事業計画の策定や介護認定審査会への参加も欠かせません。

在宅福祉が重視されるなかにあって、在宅診療、在宅歯科診療などをはじめとして地域での医療、歯科医療の一層の充実がもとめられています。

自治体も地域の医師会・歯科医師会との間に連絡組織などをもうけて、両者の緊密な連携をはかっていく必要があります。

なお、地域には任意団体として薬剤師会も組織されていますが、医薬分業もすすみ、保健・医療・福祉で重要な一翼をになっており、自治体と薬剤師会との協力関係をつくりあげていくことが必要です。

二　福祉関連法人

ここで福祉関連法人というのは、個別の特別法にもとづいて、法人格を取得した団体で、その事業の一環として福祉事業をおこなっている法人をさしています。

1　医療法人

医療法人は、医療法にもとづき、病院、医師もしくは歯科医師が常勤する診療所または介護老人保健施設を開設しようとする社団または財団が都道府県知事の認可をうけて設立します。介護保険制度の下では、病院および診療所では、保険給付対象サービスとして居宅療養管理指導や訪問看護等をおこなうことができます。また介護老人保健施設で提供するサービスは全面的に介護保険給付の対象サービスとなっています。

2　消費生活協同組合

消費生活協同組合は、消費生活協同組合法にもとづいて設立された法人で、組合員の生活の文化的・経済的改善をはかることを目的とした相互扶助の組織です。

消費生活協同組合のおこなう事業は、店鋪や生活物資の購入・供給をはじめとして、災害事故の共済、医療、社会福祉サービスなどさまざまな分野にわたっています。

最近では、介護保険制度の導入にあわせて、訪問介護事業の重要なにない手にもなっています。出資・運営等自前の民間の互助組織として、自由な発想と活動が期待されます。

3　農業協同組合

農業協同組合は、農業協同組合法にもとづいて設立された法人で、農業経営者の協同組合です。

同法では、組合事業として「医療に関する施設」や「老人の福祉に関する施設」もかかげられています。農業協同組合は、つよい財政基盤と組織基盤をもっており、福祉関連事業での役割も期待されます。

三　非営利活動団体

市民の自主性・自発性にもとづいた市民活動団体が多様な活動をおこなってきていますが、それらの団体等からつよい要望のあった簡易な手続きによる法人化への道がようやくひらかれました。一九九八年に、特定非営利活動促進法（ＮＰＯ法）が制定・施行されました。

この法律は、特定非営利活動をおこなう団体に法人格を与えること等により、ボランティア活動をはじめとする市民がおこなう自由な社会貢献活動としての特定非営利活動の健全な発展を促進することによって公益の増進に寄与することを目的として制定されました。

特定非営利活動として、福祉、環境、まちづくりなど一二種類の活動が認められていますが、第一に「保健、医療又は福祉の増進を図る活動」があげられています。

福祉分野でも、すでにおおくの実績をもつ団体が、特定非営利活動法人となって活動をはじめています。介護・家事援助サービスを中心に介護保険の対象となるサービス事業をおこなうとともに、介護保険の対象外サービスの提供もおこなっています。

高齢者にとって、介護保険がすべてではありません。介護保険だけでは足りない場合もありますし、介護保険では非該当であるが、ひとり暮らし等で何らかの社会的支援を必要とする高齢者もおります。この領域でも、NPO法人の活動が期待されます。

NPO団体の運営は、自弁・自前が原則となっていますが、人件費や事務所経費の捻出に苦慮している実態があります。

自主的・自発的な市民活動が、市民自治さらには民主主義の起点でもあります。自治体としても、NPO法人の自主性・独立性を尊重しながら、協力関係をつくっていくことは当然のこととして、運営費の一部について助成することもあってよいでしょう。

四　自治体と公共・公益福祉団体との関係

1　財政の援助

※社会福祉法人への公金支出

憲法第八九条では、「公の支配」にぞくさない慈善や博愛の事業にたいする公金の支出を制限しています。

そこで、社会福祉法では、担当大臣や知事等に社会福祉法人にたいする一般的監督権を認めたり、国や自治体に社会福祉法人にたいする補助金支出と必要な監督権限を認めることによって「公の支配」にぞくする形式をとっています。

自治体は地方自治法で、公益上必要がある場合には寄付または補助することができることになっています。公益の具体的内容は、一義性をもたず、結局は個々のケースごとに事業の性格や社会・地域的な要因を総合的に勘案して、自治体の政策責任をもって判断することになります。

自治体では、この規定を根拠にして、シルバー人材センター、福祉公社、医師会・歯科医師会などの民法上の公益法人に助成をしてきていますが、NPO法人も助成対象となります。

また、社会福祉法の規定にもとづいて、社会福祉法人にたいして条例でさだめる手続きにしたがい補助金を支出することができることになっています。これを根拠にして、社会福祉法人が設置・運営する特別養護老人ホーム、高齢者在宅サービスンターの建設費等について助成をおこない、住民の優先利用枠の確保やサービス内容の向上につとめています。

2　職員の派遣

公共的福祉団体のうち、社会福祉協議会や公益社団・財団法人には、自治体から職員を派遣するケースがあります。この人事交流は、自治体からの委託事業や補助事業の円滑な推進をはかるためには、とくに福祉分野において有効な行政手法であるといえます。

自治体職員の他団体への派遣の方式には、職務命令、併任、職務専念義務の免除、休職および退職がありますが、派遣職員への給与等の支給をめぐって住民監査請求や住民訴訟がおこされているケースもありますので、派遣の方式や派遣先についても責任ある法的検討もおこなっておくことも必要です。派遣の方式としては、派遣職員の身分や労働条件の保障のためにも、実質的には派遣研修の意味をもたせた職務専念義務の免除がのぞましいといえます。

また、派遣先については、裁判例からみて自治体からの委託事業や補助事業などで、自治体が実施主体となっていたり、公益性がたかかったりして、自治体との関連性のつよい事業の経営主体に限定すべきです。

職員の派遣については、派遣研修の意味をもたせるならば、自治体側からの一方的な派遣だけではなく、法人側からの逆派遣による相互交流派遣があってもよいでしょう。これによって、研修効果もたかまることが期待され、相互の連携も密になり、市民サービスの向上につながっていくでしょう。

3　ネットワークづくり

自治体内には、公共・公益福祉団体だけをみても、おおくの団体が存在しています。これらの団体は、類似の事業もおこなっていますが、市民にわかりやすく、利用しやすいように相互調整がもとめられています。

とくに、これらの団体のネットワーク化によって、事業運営の連携をはかり、市民への総合的・効率的なサービスの提供がのぞまれます。

このネットワーク化の中心となって総合的な調整役は自治体がになうべきでしょう。

自治体は、地域における総合的な政策形成主体として、地方自治法にもとづいて、自治体議会の議決をへて策定された基本構想にそくして、地域における総合的かつ計画的な行政運営をはからなければなりません。

また、地方自治法の規定で、自治体の長は、当該自治体内の公共的団体等にたいする指揮監督権をもっています。すなわち、自治体の長は、当該自治体の区域内の公共的団体等の活動の総合調整をはかるため、これを指揮監督することができるとされ、この場合において必要があるときは、長は公共的団体等に事務の報告をさせ、書類・帳簿を提出させ、実地に事務を視察することができるとされています。ただし、この総合調整権を行使するためには、議会の議決を得なければなりませんが、法的な手掛かりを与えるものです。

なお、公共的団体とは、農協、生協、老人ホーム等いやしくも公共的な活動を営むものすべてがふくまれ、法人たると否とを問わないとされています。また、民法上の公益法人についても、その具体的活動が公共的活動におよぶ限りにおいては公共的団体にふくまれるとされています。

第四章　福祉改革の動向

少子高齢社会の進展にたいしてどのような政策対応がとられてきているのでしょうか。

本格的な地方分権の制度的基盤づくりのため、「地方分権の推進を図るための関係法律の整備等に関する法律」（地方分権一括法）が、二〇〇〇年四月一日から施行されましたが、社会福祉の分野においては国の財政負担の軽減を直接の契機としながらも、他の行政分野に先んじて地方分権はいち早くすすんでいました。

地方分権とは、端的にいえば、住民の生活に密接にかかわりのある政治・行政が住民に身近な自治体の権限と責任のもとに処理される体制のことです。

とくに、福祉行政の分野においては、血の通ったきめ細かな対応がもとめられますので、その大部分が住民にもっとも身近な市町村で処理されることがのぞまれます。

また、福祉サービスの利用の仕組みは、「福祉の措置」制度が第二次世界大戦後の主流をなしてきました。措置制度のもとにあっては、行政機関が主体となってサービスの必要性、サービス内容およびサービス提供機関を決定し、利用者はサービスの受益者として受動的な存在であって、利用者の主体性が埋没し、福祉の権利性が明確でありませんでした。

サービス利用者の主体性の回復と福祉の権利性の確立によって、利用者本位の仕組みづくりがおおきな課題でした。

このような社会福祉の分野における地方分権の推進と利用者本位の仕組みづくりをひろい意味で「福祉改革」と呼ぶことができるでしょう。

自治体政策に関連する少子高齢化にかかわる主な福祉改革の動きを概観し、跡づけておきましょう。

一　改革第一期

一九八六年から一九九四年までの時期は、保健福祉分野において、基礎自治体である市町村への事務委譲がすすんだことと、サービス基盤の整備がはかられたことに特徴点があります。

1　機関委任事務の自治体事務化

一九八六年は、地方分権にとって非常に重要な年で「地方公共団体の執行機関が国の機関として行う事務の整理及び合理化に関する法律」が制定され、国の財政負担の軽減を契機としたものでしたが、一〇省庁にわたる四三本の法律が改廃され、五〇項目の機関委任事務の整理合理化がおこなわれました。

そのなかでも厚生省関係の事務がもっともおおく、一五本の法律が改正されました。

老人福祉法の改正では、それまで機関委任事務であった特別養護老人ホームおよび養護老人ホームへの入所措置が市および福祉事務所をおく町村の事務となり、またショートステイ事業およびデイサービス事業が市町村の事務であることが明定されました。

児童福祉法の改正では、保育所への入所措置や助産施設および母子寮への入所措置が機関委任事務から市町村事務となりました。

2　ゴールドプランの策定

一九八九年に消費税の導入とひきかえに「高齢者保健福祉十か年戦略」(ゴールドプラン)が厚生・大蔵・自治の三大臣の合意のもとに策定され、高齢者の介護基盤を緊急かつ計画的に整備することになりました。

一九九〇年度から一九九九年度までの一〇年間に整備すべき在宅サービス(ホームヘルプサービス、デイサービス等)および施設サービス(特別養護老人ホーム、老人保健施設等)などの具体的な目標数値がしめされました。

※　**機関委任事務**

自治体の長その他の機関にたいして国または他の自治体等から法律またはこれにもとづく政令により委任された事務をいいます。機関委任事務の執行にあたっては、自治体の長は国の下部機関に位置づけられ、国から包括的な指揮監督や職務執行命令をうけたり、条例制定権や自治体議会の調査権が及ばない仕組みでした。機関委任事務の縮小・廃止が長い間にわたって研究者等から強く主張されてきていました。

※　**助産施設**

経済的理由により入院助産をうけることができない妊産婦を入所させて、助産をうけさせることを目的とする施設です。

このゴールドプランの策定は、遅ればせながらも、その後の高齢者の介護サービス基盤の整備におおきな役割をはたしました。

3　福祉関係八法律の改正

一九九〇年に「老人福祉法等の一部を改正する法律」の制定により、老人福祉法、老人保健法、児童福祉法など八本の法律が改正され、これによって特に高齢者福祉の分野ではゴールドプランに法的な裏付けができました。

改正の主要点は次の三つです。

①　ホームヘルサービス、ショートステイおよびデイサービスの在宅福祉の三本柱が「居宅介護支援事業」として、法律のなかに市町村事務として明確に位置づけられました。

②　福祉事務所をおいていない町村にも老人ホームの入所措置の権限が移され、在宅福祉サービスと施設福祉サービスの市町村への一元化がはかられました。

③　一九九三年度中に全国の市町村および都道府県は、高齢者にたいする保健福祉サービスの総合的な供給をはかるため、サービスの実施目標をしめす老人福祉計画と老人保健計画とを一体のものとして策定しなければならないものとされ、福祉の分野に計画行政が本格的に取りいれられました。

※　**母子寮**

法改正によって「母子生活支援施設」に名称が変っています。（四二頁参照）。

※　**老人福祉法**

老人の福祉にかんする原理を明らかにするとともに、老人にたいし、その身心の健康の保持および生活の安定のために必要な措置を講じることによって老人福祉をはかることを目的に、一九三六年に制定されました。

※　**老人保健法**

老人保健法は、国民の老後における健康の保持と増進をはかるため、疾病の予防、治療、機能訓練等の保健事業を総合的に実施することによって国民保健の向上および老人福祉の向上をはかることを目的に、一九八二年に制定されました。

4　新ゴールドプランの策定

一九九四年には、先に全国の自治体が策定した老人保健福祉計画においてゴールドプランを大幅に上まわる高齢者保健福祉サービスの整備の必要性が明らかになったことなどから、「高齢者保健福祉十か年戦略の見直し」（新ゴールドプラン）が策定されました。

基盤の整備目標の引きあげとしては、ホームヘルパーの増員、ショートステイの増床、デイサービス・デイケアの増所、新たに追加されたものとしては訪問看護ステーションやマンパワーの養成確保があります。

また、①利用者本位・自立支援、②普遍主義、③総合的サービスの提供、④地域主義という四つの基本理念がかかげられるとともに、高齢者介護サービスの充実や要援護高齢者の自立支援策の総合的実施などの施策の目標が新たにかかげられました。

5　エンゼルプランの策定

一九九四年には、「今後の子育て支援のための施策の基本的方向について」（エンゼルプラン）が、文部・厚生・労働・建設の四大臣の合意のもとに策定されました。

その具体化の一環として「当面の緊急保育対策等を推進するための基本的考え方」（緊

※　児童福祉法

次代のにない手である子どもの健全な育成と福祉の積極的な増進をはかるために、一九四七年に制定されました。

子どもにかんする基本的な総合的法律です。

急保育対策五か年計画）がとりまとめられて、保育サービス等の充実をはかることとされました。これをうけて、自治体においては地域住民の多様なニーズにこたえ、将来の保育サービス等の事業量にかんする具体的な目標量を設定して、計画的に事業をすすめていくために「児童育成計画」（地方版エンゼルプラン）を策定することがもとられました。

6　地域保健体制の整備

一九九四年に「地域保健対策強化のための関係法律の整備に関する法律」の制定により母子保健法等が改正され、保健所の再編と保健所事務の市町村への委譲がおこなわれました。

まず、母子保健法の改正により、妊娠・出産・育児および乳児保健にいたる一貫した保健サービスを住民に身近な市町村で提供するため、妊産婦・乳幼児の健康診査および保健指導等の事務が市町村の事務とされました。

また、栄養改善法の改正により、妊産婦・乳幼児から成人までの地域住民を対象とした栄養相談や栄養指導の事務が市町村の事務となりました。

さらに、保健所法が地域住民一人ひとりの健康の保持・増進が目的とされた「地域保健法」に改められ、保健所の再編整備がすすめられるとともに、地域住民の保健活動の

※　地域保健法

地域保健対策の推進にかんする基本指針、保健所の設置その他地域保健対策の推進にかんし基本となる事項をさだめることにより、母子保健法等の地域保健対策にかんする法律による対策が、地域において総合的に推進されることを確保することによって地域住民の健康の保持・増進に寄与することを目的に、一九四七年に制定されました。

※　母子保健法

母性と乳幼児の健康の保持・増進をはかるため、母子保健にかんする原理を明らかにするとともに、母性と乳幼児にたいする保健指導、健康診査、医療その他の措置を講じることによって国民保健の向上に寄与することを目的に、一九六五年に制定されました。

拠点となる市町村保健センターが法定化されました。

二　改革第二期

一九九五年から一九九八年までの期間は、本格化してきた少子高齢社会にあって、その対策の基本的な枠組みづくりがおこなわれることに特徴点があるといえます。

1　高齢社会対策基本法の制定

一九九五年に「高齢社会対策基本法」が制定・施行され、高齢社会対策の基本的な枠組みが定められました。

同法では、高齢社会対策は、次にかかげるような社会が構築されることを基本理念として、おこなわれるべきものとしています。

① 国民が生涯にわたって就業その他多様な社会的活動に参加する機会が確保される公正で活力ある社会

② 国民が生涯にわたって社会を構成する重要な一員として尊重され、地域社会が

※　市町村保健センター

住民にたいし、健康相談、保健指導および健康診査その他地域保健にかんし必要な事業をおこなうことを目的とする施設です。

自立と連帯の精神に立脚して形成される社会

③　国民が生涯にわたって健やかで充実した生活を営むことができる豊かな社会

また、自治体は、基本理念にのっとり、高齢社会対策にかんし、国と協力しつつ、当該地域の社会的、経済的状況におうじた施策を策定し、実施する責務を有するものとされています。

そして、就業・所得、健康・福祉、学習・社会参加等の基本的施策がさだめられています。

2　児童福祉法の大改正

一九九七年に、一九四七年に制定された児童福祉法が五〇年ぶりに大改正され、保育所入所の仕組みがおおきく変わり、また、学童保育（クラブ）事業が法制化され翌年度から施行されました。

まず、保育所入所の仕組みは、市町村の「保育の措置」から、「保育の実施」（市町村と保護者との「契約」）によるものへと変革されました。

「保育の実施」の内容は次のようになっています。

◆　市町村は、保育に欠ける児童の保護者からの申込みがあったときは、それらの児童を保育所において保育しなければならない。

◆　保育の実施を希望する保護者は、希望する保育所等を記載した申込書を市町村に提出する。この場合においては、保育所は保護者にかわって申込みをおこなうことができる。

◆市町村は、一つの保育所について申込児童のすべてが入所するときに適切な保育の実施が困難となるような場合には、入所児童を公正な方法で選考できる。

◆市町村は、保護者の保育所の選択および保育所の適正な運営の確保に資するため、保育所の設備および運営の状況等の情報提供をおこなわなければならない。

このように従来の措置とちがって、保護者の「申込み」や「選択」、市町村の「情報提供」など手続的な面で前進しております。

また、これまで国の予算措置でおこなわれていた学童保育（クラブ）事業が「放課後児童健全育成事業」として法律に明定され、事業の積極的な推進がはかられることになりました。実施主体は、市町村以外に社会福祉法人その他の者が参入できるようになり、その他の者には法人格をもたない地域の父母会などの任意団体もふくまれ、地域の実情におうじた多様な実施主体による多様な事業展開をおこなうことができるようになりました。

3　特定非営利活動促進法（NPO法）の制定

一九九八年に、特定の非営利活動をおこなう団体に法人格をあたえること等によって、ボランティア活動など市民がおこなう自由な社会貢献活動の健全な発展を促進するために、特定非営利活動促進法（NPO法）が制定・施行されました。

特定非営利活動としては、保健・医療・福祉の増進をはかる活動、こどもの健全育成をはかる活動等一二種類がさだめられています。

同法にさだめる要件をそなえた市民団体は、都道府県知事に申請して設立の認証をうけることにより法人格を取得でき、「特定非営利活動法人」となります。法人格を取得することによって、任意団体と異なり法律上の権利能力をもつことになり、契約も団体名義でおこなうことができます。また、法人格を取得することによって、社会的な認知度も高まることなり、より活動しやすくなるものと期待されています。

三　改革第三期

一九九九年以降の時期は、二一世紀の超少子高齢社会にむけて、社会福祉の基礎構造改革がすすめられるとともに、地方分権の制度的基盤がととのえられました。

1　男女共同参画社会基本法の制定

一九九九年に、男女共同参画社会の形成について、基本理念を明らかにし、国・自治体および国民の責務をさだめるとともに、男女共同参画社会の形成の促進にかんするとりくみを総合的かつ計画的に推進するため、男女共同参画社会基本法が制定・施行されました。

男女共同参画社会とは、男女が社会の対等な構成員として、みずからの意思によって社会のあらゆる分野における活動に参画する機会が確保され、男女が均等に政治的、経済的、社会的および文化的利益を享受することができ、かつ、共に責任をになうべき社会とされています。

このような男女共同参画社会の実現は、男女の人権が尊重され、少子高齢化の進展等の社会経済情勢の変化に対応していく上でも緊急かつ最重要課題とされてきました。

男女共同参画社会の実現が、二一世紀の日本社会の行方を決定するといっても過言ではありません。

2　ゴールドプラン21の策定

一九九九年に、高齢者保健福祉施策の一層の充実をはかるため、介護サービス基盤の整備をふくむ総合的なプランとして、新たに「今後5か年間の高齢者保健福祉施策の方向〜ゴールドプラン21〜」が大蔵・厚生・自治三大臣の合意のもとに策定されました。**（資料1参照）**

プランは、はじめに明るく活力ある高齢社会を実現するために、次のような四つの基本的な目標をかかげています。

①　活力ある高齢者像の構築

②　高齢者の尊厳の保持と自立支援

③　支え合う地域社会の形成
④　利用者から信頼される介護サービスの確立
また、プランは、平成一二年度から平成一六年度までの五か年を期間とし、次のような六つの施策とともに、平成一六年度における介護サービス提供量をしめしています。
①　介護サービス基盤の整備
②　痴呆性高齢者支援対策の推進
③　元気高齢者づくり対策の推進
④　地域生活支援体制の整備
⑤　利用者保護と信頼できる介護サービスの育成
⑥　高齢者の保健福祉を支える社会的基盤の確立

3　新エンゼルプランの策定

一九九九年に、平成一二年度から平成一六年度までの五か年間を期間とした「重点的に推進すべき少子化対策の具体的実施計画について」（新エンゼルプラン）が、大蔵・文部・厚生・労働・建設・自治の六大臣の合意のもとに策定されました。（資料2参照）
このプランは、次のような八つの施策のもとに具体的なサービス目標量をしめしています。
①　保育サービス等子育て支援サービスの充実

②　仕事と子育ての両立のための雇用環境の整備
③　働き方についての固定的な性別役割分業や職場優先の企業風土の是正
④　母子保健医療体制の整備
⑤　地域で子どもを育てる教育環境の整備
⑥　子どもたちがのびのび育つ教育環境の実現
⑦　教育に伴う経済的負担の軽減
⑧　住まいづくりやまちづくりによる子育ての支援

4　介護保険制度の創設

一九九七年に、介護保険法の制定により、加齢にともなう心身の変化による疾病等で、介護・看護・医療を要する者に必要な保健医療サービスおよび福祉サービスをおこなうため、国民の共同連帯の理念にもとづいて、介護保険制度が創設されました。

介護保険制度は、準備期間をへて、二〇〇〇年四月一日から施行されています。

国民の高齢期の最もおおきな不安要因は、自分や配偶者の介護や病気となっており、現実にも介護を必要とする高齢者数は確実にふえています。しかも、要介護状態は重度・長期化しており、家族による介護には限界がきております。さらに、介護や医療に要する費用も増大の一途をたどっています。

これらの不安をどうとりのぞくのか、家族から介護をどのようにして解放するか、介護費用の財源をどのようにして確保していくのかということがおおきな課題となっていました。

介護保険制度の創設は、これらの課題にたいするひとつの、しかも重要な解答であるといえます。

5　成年後見制度の整備

一九九九年に、成年後見制度を整備するために、民法の一部が改正されるとともに、新たに任意後見契約に関する法律が制定され、二〇〇〇年四月一日から施行されました。

成年後見制度は、判断能力が不十分な成年者（痴呆性高齢者、知的障害者、精神障害者等）を保護する制度です。

法定後見制度

民法の一部改正によって、従来の禁治産・準禁治産制度が、補助、保佐および後見の制度に改められました。

①　補助（新設）

家庭裁判所の審判で、精神上の障害により判断能力が不十分な者のうち、後記の②および③の程度にいたらない軽度の状態にある者を「被補助人」として、被補助人のために「補助人」が選任され、補助人に特定の法律行為についての代理権または同意権・取消権の一方または双方があたえられます。

② 保佐（準禁治産の改正）

家庭裁判所の審判で、精神上の障害により判断能力がいちじるしく不十分な者を「被保佐人」として、被保佐人のために「保佐人」が選任され、保佐人に特定の法律行為についての代理権があたえられます。

③ 後見（禁治産の改正）

家庭裁判所の審判で、精神上の障害により判断能力を常に欠いている状況にある者を「成年被後見人」として、成年被後見人のために「成年後見人」が選任され、成年後見人に広範な代理権および取消権があたえられます。

任意後見制度

任意後見契約に関する法律の制定により、任意後見制度（公的機関の監督をともなう任意代理制度）が創設されました。

任意後見制度では、

① 本人がみずから選んだ任意後見人にたいし、精神上の障害により判断能力が不十分な状況になったときの自己の生活、療養看護および財産管理にかんする事務の全部または一部について代理権をあたえる委任契約をむすび、

② 家庭裁判所が任意後見監督人を選任したときから契約の効力が発生する旨の特約をつけることによって、任意後見契約をむすびます。

この契約にもとづいて、本人が判断能力の不十分な状況になったときに、後見監督人の選任がおこなわれ、そのときから委任契約の効力が発生し、任意後見人が代理権を行使することになります。

6 地方分権一括法の制定

一九九九年七月に、「地方分権の推進を図るための関係法律の整備等に関する法律」（地方分権一括法）が制定・公布され、二〇〇〇年四月一日から施行されました。

地方分権一括法は、国・地方を通じる行政システムを中央集権型から地方分権型におおきく転換し、地方分権を推進するものです。

地方分権一括法により、二三府省庁・委員会にまたがる四五七本の法律が改正され、厚生省所管の法律は九一本が改正されましたが、高齢者や子ども福祉の分野では一九八六年の機関委任事務の自治体事務化以来、地方分権化が先行してきており、本法によってはおおきな改正点は見当たりません。

しかし、機関委任事務の廃止と自治体にたいする国の関与の見直しによって、自治体の自主性・自立性は法的に高められ、地域特性を生かした多様な自治体福祉行政の展開がますます重要性をましてきています。

7　社会福祉の基礎構造改革

二〇〇〇年五月に、国会において「社会福祉の増進のための社会福祉事業法等の一部を改正する等の法律」が可決・成立し、同年六月に公布され、一部をのぞいて同日施行されました。

この法律によって、社会福祉事業法等七本の法律が改正され、公益質屋法が廃止されました。とくに、社会福祉事業の全分野における共通的基本事項をさだめる社会福祉事業法は、法律名も「社会福祉法」に改められ、内容もおおきく改正されました。改正内容の項目だけを次に上げておきます。

(1)　利用者保護のための制度の創設

①　地域福祉権利擁護制度（福祉サービス利用者援助事業）

②　苦情解決の仕組みの導入

③　利用契約にあたっての説明・書面交付の義務づけ

(2)　サービスの質の向上

①　事業者の自己評価などによる質の向上

②　事業運営の透明性の確保や利用者の選択に資するための情報提供や社会福祉法人にたいする財務諸表等開示の義務づけ

(3) 社会福祉事業の充実・活性化

① 社会福祉事業の範囲の拡充

② 社会福祉法人の設立要件の緩和

③ 社会福祉法人の運営の弾力化

(4) 地域福祉の推進

① 市町村地域福祉計画および都道府県地域福祉支援計画の策定

② 社会福祉法人および共同募金の活性化

これらの法改正による構造改革は、生活保護等の課題が残されていますが、これまでおしすすめられてきた社会福祉改革の総集成ともいえるもので、これによって二一世紀の日本の社会福祉の基本的な枠組みができたものといってよいでしょう。

8 消費者契約法の制定

二〇〇〇年四月に、国会において「消費者契約法」が可決・成立し、二〇〇一年四月一日から施行されます。この法律は、福祉サービスの利用関係が措置から契約に変わることにともなって、福祉サービスにも適用されます。

福祉サービスの事業者と利用者との間の契約は消費者契約です。民法上の契約の当事者は、対等平等の関係にあるものと構成されていますが、消費者と事業者の間には情報力および交渉力に格差があります。

そこで、消費者契約法では、事業者の一定の行為によって、消費者が誤認または困惑した場合には、契約の申込みまたは承諾の意思表示をとり消すことができることとするとともに、事業者の損害賠償の責任を免除する条項その他消費者の利益を不当に害することとなる条項の全部または一部を無効としています。

第五章　自治体福祉の展望

社会経済のおおきな変貌を背景にして、福祉改革のすすむなかにあって、自治体の果たすべき役割はますます重要なものになっています。

自治体は、福祉改革の流れと方向性を見極めるとともに、その根底にある考え方の変化にも思いをめぐらせながら、政策立案・制度づくりとその実施・運用にあたっていかなければなりません。

一　福祉理念の変革

先にみた福祉改革の流れのなかで、福祉にかんする考え方（理念・思想）もおおきく変わってきています。

1　サービス利用者の主体性の回復

社会福祉のなかには、行政を主体とし、住民を客体とみる伝統的な考え方を背景に、いまだに恵み・施し的な福祉観が根づよくのこっていますが、福祉サービス利用者は、単なる受け身の受益者から主体的な利用者・消費者へと転換がはかられてきています。

サービス利用者を主体的に位置づけることによって、福祉の権利性が明確にされて、利用者には選択権と決定権が認められ、利用者本位のサービスがおこなわれることになります。

2　サービス利用者の範囲の広がり

従来は福祉サービスをうける際に、所得制限をもうけたり、受給資格を判定するための資産調査（ミーンズテスト）を条件とするなどによって、利用者は選別されてきました（選別主義）。しかし、介護のような福祉ニーズは、所得や資産の多い・少ないに関係なく生じることなどから、福祉サービスをうけるあたっては、個別に資産調査（ミーンズテスト）等を要件とせずに、サービスを必要とするすべての人が利用できるようになっています（普遍主義）。

3　サービスの利用関係の改革

福祉サービスの利用関係については、行政庁（市町村）の一方的な行政処分である「福祉の措置」から、当事者間の契約による関係へと改革がなされてきました（措置から契約へ）。一九九七年の児童福祉法の改正によって保育所の入所の仕組みは、「保育の措置」から「保育の実施」へと変わりました。保育所への入所は、保護者の「申込み」と市町村長の「承諾」という互いに対立する複数の意思表示の合致によって決まることになっていますので、法形式的には「契約」によることになります。ただし、この契約は一方の当事者が行政主体である市町村であることから公法上の契約とされ、不服申し立て等において私法上の契約とはとりあつかいを異にしています。

しかし、法改正が必要ですが、保育所の入所についても、端的に保護者と保育所との間の直接的な契約関係と構成してもよいのではないでしょうか。

二〇〇〇年四月から実施された介護保険制度では、介護の必要性と必要度については市町村の認定をうけますが、その後の介護サービスの利用は利用者と事業者・施設の両当事者間の私法上の契約によることになりました。

また、二〇〇三年からは、障害者福祉サービスについても、サービスの利用は利用者と事業者・施設との間の契約によることとされ、市町村は支援費を支払う仕組みへと変わります。

二　サービス供給主体の多様化

介護保険制度のねらいのひとつは、ふえつづける介護需要に対応するために、多元・多様なサービス供給主体の参入をはかることにあります。

従来の措置制度のもとにあっては、サービス供給は主に自治体の直営または自治体からの委託をうけた社会福祉法人によっておこなわれてきました。しかし、措置から契約へと変化するなかにあって、サービス供給主体も自治体や社会福祉法人のほかに、医療法人、民法上の公益法人（財団法人および社団法人）、消費生活共同組合、非営利団体（NPO、互助組織など）、シルバー産業など多様化しています。

サービス供給主体の多様化によって、サービスの量を確保するとともに、事業者間の競争によって質の向上をはかることも期待されます。

サービス供給主体の多様化に関連して、配慮されるべきことを指摘しておきます。

1　事業者間の連携

第一に配慮すべきことは、サービスの供給網を地域に総合的、系統的、効率的にはりめぐらせることです。そのためには、自治体と地域内でサービスを提供している事業者・施設との連携および事業者・施設間の連携をはかる必要があります。そのネットワーク化として連絡会等を設置して、そこで事業運営にあたっての情報交換、意見交換をおこなうとともに、問題点の把握や解決策等についての検討もされてよいでしょう。

この場合に、自治体は市民からの信頼感に支えられて、ネットワーク化の核となって、総合調整の役割をになっていくべきです。

2　民間活力の活用

第二に配慮すべきことは、民間活力のおおいなる活用です。

介護保険制度のもとにあっては、シルバー産業をふくめた営利・非営利の多様な供給主体の参入がはかられています。また、児童の放課後健全育成事業は、自治体以外に社会福祉法人や民間団体も法律上おこなえるようになっています。

福祉サービスの提供手法としては、自治体の直営方式が非効率性等の理由から、民間事業者への委託方式が主流となっていますが、これをさらに一歩つきすすめて、社会福祉法人等による自主事業方式とする段階にきているといえないでしょうか。いってみれば、委託事業からの脱皮です。

このことを施設の設置・運営についてみると、「公設・公営」から「公設・民営」へ、「公設・民営」から「民設・民営」へということになります。

民設・民営であっても、自治体は施設建設費の一部を補助すること等によって、地域住民の優先利用枠を確保し、量的には公設・民営とおなじ効果をあげることができます。

民設・民営方式は、公設・公営や公設・民営と比較して、自治体の財政負担からみても建設費および運営費ともに効率的ですし、民間の蓄積されたノウハウをいかすことができます。

サービス水準の維持・向上についても、補助協定のなかで一定のとり決めをすることによって担保できるはずです。

三　自治・分権型社会での政策展開

基礎的自治体である市町村は、住民にもっとも身近な存在として、日常的に住民に接し、住民の悩みや要望を直接に感じとり、施策に反映できます。

自治体は、基本的には、自分たちのまちのハード・ソフトの両面にわたる計画づくり（プラン）、計画実現のための仕掛けや仕組みづくり（プロデュース）および施策推進の総合的調整（コーディネート）の三つの役割に徹すべきです。

自治・分権型社会の進展は、歴史必然の流れであり、自治体はこれを主体的・積極的にうけとめていかなければなりません。

自治体福祉の施策展開にあたって、以下にのべるような方向がめざされるべきです。

1 活力ある地域社会づくり

その一つは、自助、互助および公助の重層的でバランスのとれた地域社会づくりです。

住民が日常生活をおくっていくなかで、おおくの生活問題がおきてきます。

生活問題がおきたら、その解決にはまず本人、家族が努力すること（自助）を基本において、自助による解決が難しければ近隣、友人、知人、ボランテアで助けあい（互助・共助）、それでも解決が困難であれば自治体や国が公の責任で対処する（公助）という地域社会が望ましいといえます。今、家庭・家族のあり方が問われていますし、地域社会のあり方も模索されています。

二つめは、ネットワーク型地域社会づくりです。

核家族化がすすみ、ひとり暮らし高齢者等がふえています。このようななかで、地域住民相互と地域の組織、機関、団体、施設、人材などの福祉資源をむすびつけたネットワーク型社会の構築がもとめられています。

個々の住民の主義・主張が異なり、利害の対立する地域社会でのむずかしいとりくみですが、できるところから手をつけていきたいものです。

2　個人情報保護と行政の透明性・公平性の確保

個人情報の保護や行政の透明性・公平性を確保するために、個人情報保護、情報公開、行政手続等の諸制度が整備されてきています。

これらの制度は、プライバシー、知る権利、平等取扱の権利などの日本国憲法の人権規定に根拠があります。これらの制度の利用には、私的あるいは政治的な動機にもとづくものがおおいとの指摘もありますが、これは制度成熟への一過程であると考えて、事例・実績をつみかさねながら、よりよいものにつくりあげていくべきでしょう。

3　市民参加の推進

自治体の政策形成過程への市民参加は、常識となりつつあり、実際にもいろいろな市民参加がこころみられています。

最近では、たとえば介護保険法では、市町村が介護保険事業計画を策定・変更するにあたっては「あらかじめ、被保険者の意見を反映させるために、必要な措置を講ずるもの」とされ、市民参加が法文にももりこまれています。また、改正社会福祉法でも、市町村は地域福祉計画を策定・変更するにあたっては「あらかじめ、住民、社会福祉を目的とする事業を経営する者その他社会福祉に関する活動を行う者の意見を反映させるために、必要な措置を講ずるもの」とされています（二〇〇三年四月一日施行）。

計画策定過程への市民参加については、ひろく一般市民からの公募などの工夫があってよいでしょう。また、とくに福祉や環境問題については、計画策定段階で知恵をだすだけではなく、事業の実施過程への市民の主体的な参加（参画）がはかられ、市民みずからが汗をかくことも必要でしょう。

さらには、地域社会の世論を二分するような問題については、住民投票制度がとりいれられてよいでしょう。

4　政策法務の展開

地方分権の推進にともなって重要性をましてくるのが、自治立法、自治解釈および訴訟にかかわる政策法務の展開です。

条例等の自治立法権は、自治体政策を実現するための重要な手段です。各地で、自治立法権をつかって、地域特性をいかしたまちづくり、情報公開、住民投票などがおこなわれています。

また、自治体には、みずからの政策の実現のために、国法を自主的に解釈・運用する自主解釈権があります。

さらに、政策をめぐって、自治体を一方の当事者とする訴訟に発展するケースもあり、今後は地方分権がすすんでいく途上で国と自治体間の争訟も予想されます。

このようななかで、自治立法、自治解釈および訴訟を自治体政策を主張し、実現する重要な手段をとらえる「政策法務」が重要性をましてきています。

地域特性をいかし、地域に根ざした独自政策を展開するための政策法務ですが、このなかでも条例制定権は憲法の保障する自治権の中心をなすものです。

この条例制定についてみますと、そのほとんどが長の提案によっていますが、市民の支持をえた議員提案がふえてよいでしょう。それによって、議員間の討論も活発におこなわれ、自治体議会の活性化にもつながります。

市民からは、要件緩和の法改正が望まれますが、市民参加などをめぐって、地方自治法上の条例制定請求権が活用されてよいでしょう。これによって、市民の自治意識の高まりも期待できます。

自治体法の形式は条例と規則ですが、自治体事務であって、住民の権利を制限したり、住民に義務を課すものについては条例事項であり、長の権限にもとづく事務については規則事項となっています。ところで、福祉行政の分野には、要綱にもとづく事業が多数あります。要綱の見直しによって、条例や規則へのきりかえを検討することが必要でしょう。

5　計画行政の推進

長中期的な展望のもとに、市民ニーズにもとづいた総合的・計画的な行政をすすめるために、自治体計画は必要不可欠なものとなっています。

地方自治法には、市町村は行政を計画的・総合的にすすめるために、議会の議決をへて基本構想をさだめなければならないと規定されています。基本構想には、まちづくりの将来像、基本目標および施策の大綱がさだめられています。基本構想は、市町村が行政をすすめるにあたって、もっとも基本となる重要な計画で、おおむね一〇年を計画期間としています。この基本構想にかかげられた施策の大綱を具体化・体系化したものが基本計画で、おおむね五年を計画期間としています。

さらに、基本計画にもりこまれた事業に財源の裏づけをもたせたものが実施計画で、おおむね三年を計画期間としています。

このように市町村では、三層の総合計画を策定して、施策を推進しています。

ところで、近年になり、自治体計画の分野に中間的な課題別計画と個別事業計画が数おおく登場して、比重をましてきています。

福祉分野では、課題別計画として、老人保健福祉計画（地方版ゴールドプラン）や児童育成計画（地方版エンゼルプラン）があります。

《少子高齢社会にかかわる自治体計画》

《総合計画》	《中間課題計画》	《個別事業計画》
○基本構想		
○基本計画	○地域福祉計画 ○老人保健福祉計画 ○児童育成計画	
○実施計画		○介護保険事業計画 ○母子保健計画

老人保健福祉計画は、老人保健法および老人福祉法のさだめにもとづいて「基本構想に則して」策定されるべきものとされています。また、児童育成計画は、国の少子化対策の方針をうけて、策定するものです。これらの計画は、高齢者や子どもにかかわる課題について、縦割り行政をこえて関連する施策を総合的に推進するために策定されるものです。

次に、個別事業計画として、介護保険法にもとづく介護保険事業計画や国の方針をうけた母子保健計画があります。それぞれ、介護保険事業、母子保健事業という個別事業にかかわる計画です。

このように自治体計画は錯綜していますが、自治体計画は自治体政策を表現する形式ですから、老人保健福祉計画や介護保険事業計画のように法定されているもの、あるいは児童育成計画のように国の方針をうけた計画であっても、地域の特性をふまえた独自政策をもりこむ余地は十分にあるといえます。

なお、計画の策定にあたっては、ニーズ調査等の高度の専門的な知識と技術を要する分野は別として、外部機関に全面委託するのではなく、はば広い市民参加のもとに、できる限り自治体の手作りでいきたいものです。

資料1

今後5か年間の高齢者保健福祉施策の方向（概要）
～ゴールドプラン21～

平成１１年１２月１９日
大蔵・厚生・自治３大臣合意
※一部削除及び要約してあります。（筆者）

○　新ゴールドプランは、平成１１年度でその期間を終了することになった。

○　平成１２（２０００）年度には、わが国の高齢化率が世界最高水準に達すること、介護保険法が施行されたこと、全国の地方公共団体で老人保健福祉計画と介護保険事業計画が一体的に作成されたことなど、わが国の高齢者保健福祉施策は、新たな段階を迎えようとしている。

○　こうした状況に的確に対応し、高齢者保健福祉施策の一層の充実を図るため、介護サービス基盤の整備を含む総合的なプランを新たに策定する。

1　プランの基本方向

（基本的な目標）

プランは、明るく活力ある高齢社会を実現するため、次のような４つの柱を基本的な目標として掲げ、その実現に向けて施策を展開する。

Ⅰ　活力ある高齢者像の構築

「高齢者の世紀」である２１世紀を迎えるに当たり、明るく活力ある社会を築き上げていくことが大きな課題となっている。その鍵は、今後大きな割合を占める高齢者が、社会において積極的な役割を果していくことである。高齢者は身体面及び経済面で「社会的弱者」と見なされがちであるが、実際には高齢者の多くは元気で社会的にも十分活躍できる方であり、このような「老人＝弱者イメージ」を打破し、できる限り多くの高齢者が健康で生きがいをもって社会参加できるよう総合的に支援し、「活力ある高齢者像」を社会全体で構築していくことを目指す。

Ⅱ　高齢者の尊厳の確保と自立支援

健康づくりや介護予防に努めても、高齢化の進行に伴い要援護の高齢者は毎年１０万人ずつ増え続けることが予想されており、介護の問題は、老後生活の最大の不安要因となっている。高齢者や家族が安心して生活を送れるようにするためには、こうした不安を解消し、家族が長期にわたる介護のために疲れはてて崩壊することがないようにしていく必要がある。このため、在宅福祉を基本理念として、必要な介護サービス基盤の整備を進めるとともに、介護サービスの質の確保には特に配慮する。これにより、高齢者が自らの意思に基づき、自立した生活を尊厳を持って送ることができ、家族介護への支援が図られるような環境づくりを推進する。また、特に重要性が増している痴呆性高齢者への取組みを重点的に進める。

Ⅲ　支え合う地域社会の形成

すべての高齢者及び家族が住み慣れた地域で生きがいをもって暮らせるためには、地域において介護にとどまらず、生活全般にわたる支援体制を整備していく必要がある。このためには、人と人とのつながりが希薄化する現代にあって、高齢者を取り巻く地域社会が果たすべき「支え合い（共助）の役割」を評価し直すことが求められる。そのため、既に幾つかの市町村で取り組まれている、住民同士による支え合いのネットワーク（体制）づくりや地域活動の拠点づくり、市町村行政への住民参画など、支え合う地域社会の形成に向けての取り組みを積極的に支援するとともに、高齢者の居住や移動といった生活環境の整備を進め、福祉基盤の強化を図る。

Ⅳ　利用者から信頼される介護サービスの確立

介護保険法の実施の伴い、高齢者の介護サービス利用は従来の措置を中心とした仕組みから、契約による仕組みへと大きく変わる。この新たな仕組みが「利用者本位」の仕組みとして定着するためには、高齢者が介護サービスを適切に選択し、利用できる環境づくりが重要となってくる。このため、利用者保護の環境整備に万全を期す一方で、介護サービスを担う事業者の健全な発展を目指す。これにより、国民の介護サービスへの信頼性を確立するとともに、大きな可能性を秘めた成長分野として、雇用機会の創出にも資することに配慮しながら、介護関連事業の振興を図る。

（プランの期間）

介護保険事業計画及び保健事業第４次計画との整合性を踏まえ、プランの期間を平成１２年度から平成１６年度までの５か年とする。ただし、今後の老人保健福祉計画及び介護保険事業計画の見直し等、状況の変化に応じて適宜見直することとする。

2　今後取り組むべき具体的施策

以上の基本的な目標を達成するため、国、都道府県、市町村等がそれぞれの役割を踏まえ、良質な介護サービス基盤の計画的な整備と健康・生きがいづくり、介護予防、生活支援対策の積極的な取組みを車の両輪として進めていくことが重要であり、このような観点から以下の事業の適切な実施に努める。また、国は地方公共団体が地域の特性に応じて自主的に行う高齢者保健福祉事業を支援する。

（1）介護サービス基盤の整備
～「いつでもどこでも介護サービス」～

（施策の方向）

地方公共団体における介護保健事業計画等の状況を踏まえ、要介護高齢者の需要に応じた良質な介護サービス基盤の計画的な整備を進める。特に、多くの高齢者の希望に応え、可能な限り在宅で自立した日常生活が営めるよう、在宅サービスを重視するとともに、必要な施設整備に努める。

このため、訪問介護員（ホームヘルパー）などの在宅サービスを担う人材の養成確保を図るほか、特別養護老人ホームや老人保健施設などの介護関連施設の整備を進める。また、今後、要介護度の改善を含めた介護サービスの質の確保が極めて重要であり、人材研修を強化するとともに、寝かせきりの防止、リハビリテーションの充実など施設処遇の改善を図る。さらに、特別養護老人ホーム退所者やひとり暮らしに不安を感じている高齢者など、生活支援を要する高齢者が居住できる施設の整備を推進する

①　ホームヘルパー等の人材確保と研修強化

ホームヘルパーのより上級に向けた研修（ステップ研修）の充実、看護職員や介護支援専門員の資質向上の推進等

②　介護関連施設の整備

地域の実情に応じ、特別養護老人ホーム、老人保健施設、デイサービスセンター等の整備、学校の空き教室の利用促進、複合施設の整備等

③　施設処遇の質的改善

特別養護老人ホームについて、可能な限り要介護度の改善を図り、在宅への復帰を進める等

④　生活支援のための施設の整備

一人暮らし高齢者や特別養護老人ホーム退所者など、生活支援を要する高齢者の居住施設としてケアハウス等の整備の推進等

（2）痴呆性高齢者支援対策の推進

～「高齢者が尊厳を保ちながら暮らせる社会づくる」～

（施策の方向）

今後わが国で急速に増加することが見込まれる痴呆性高齢者に対する取り組みは、これからの重要課題である。痴呆に関する医学的な研究を進める一方で、痴呆性高齢者が尊厳を保ちながら穏やかな生活を送ることができ、家族も安心して社会生活を営むことができるような状態を実現することが求められている。

このため、家庭的な環境で少人数で共同生活を送る痴呆対応型共同生活介護（グループホーム）の整備をはじめとして、痴呆性高齢者に対する介護サービスの充実を図るとともに、痴呆介護の質的な向上を目指す。また、痴呆が早期の段階からの相談体制や権利擁護の仕組みを充実する。

①　痴呆に関する医学的研究の推進

個々人の特性に応じた医療の実現、画期的な新薬の開発など、痴呆の医療及びリハビリテーション向上のための研究の推進

②　グループホームの整備等介護サービスの充実

利用者保護の観点も踏まえ、市町村との連携や地域との交流等に配慮しながら、グループホームの整備の推進とその他在宅・施設サービスの充実

③　痴呆介護の質的向上

痴呆介護の専門職の養成、身体拘束禁止の趣旨を踏まえた質の高い介護サービスの実現

④　早期相談・診断体制の充実

痴呆性高齢者や家族に対する早期相談・診断・支援体制の充実

⑤　権利擁護体制の充実

痴呆性高齢者の権利擁護のため、成年後見制度や地域福祉権利擁護事業の活用

（３）元気高齢者づくり対策の推進

～「ヤング・オールド（若々しい高齢者）作戦」の推進～

（施策の方向）

高齢者が健康で生きがいを持って生活を送ることができるよう、健康づくりや介護予防事業を積極的に推進するとともに、地域における生きがいづくりや社会参加を支援する。

これにより、若々しい元気な高齢者（特に心身ともに健康な前期高齢者）が、介護分野をはじめとして地域活動に積極的に参加し、地域社会を支える役割を担うことを可能とする環境を作り出す。

※将来的に自立高齢者の割合を９割程度に引き上げることを目指す「ヤングオールド作戦」を新たに推進する。

①　総合的な疾病管理施策の推進

保健事業第４次計画の推進

②　地域リハビリテーション体制の整備

地域リハビリテーション協議会等を整備し、身近な医療機関においてリハビリテーションや介護予防に資する医療サービスが受けられるよう支援

③　介護予防事業の推進

市町村が実施する介護予防教室などの支援等

④　生きがい活動の支援

高齢者の引きこもり予防のために、生きがい活動支援通所事業などの支援

⑤　社会参加・就業の支援

老人クラブ活動やシルバー人材センター事業の支援などを通じ、高齢者の地域における社会参加、教養文化活動や就業の推進

（４）地域生活支援体制の整備

～「支え合うあたたかな地域づくり」～

（施策の方向）

高齢者に対しては介護にとどまらず、生活全般にわたる支援が必要となってくる。

このため、生活圏域での住民相互の支え合い（共助）を基本に置いた、地域生活支援体制の構築を支援する。また、可能な限り、在宅で暮らし続けられるよう、高齢者に配慮した住宅整備や改修を進めるとともに、福祉施策と住宅施策の一層の連携を図る。さらに、ボランティアや特定非営利活動法人（ＮＰＯ法人）をはじめとする民間非営利団体が活動しやすい環境の整備や地方公共団体への住民参画の推進を図る。

① 高齢化を踏まえた地域社会づくりの支援

地域に根差した情報支援や研究、企画づくりの支援、住民の支え合いのための連携体制や拠点整備の支援、在宅介護支援センターによる支援・調整機能の充実

② 生活支援サービスの充実

配食や外出、軽度生活支援などの各種サービスを行う市町村への支援の充実

③ 居住環境等の整備

高齢者や障害者に配慮した住宅整備の促進と在宅福祉サービスとの連携による生活支援の充実

④ ボランティア活動等の推進

ボランティア活動や民間非営利活動の振興と特定非営利活動法人（ＮＰＯ法人）の介護事業への参入促進

⑤ 住民参画の推進

高齢者保健福祉施策の企画・実施に当たり、住民への情報公開を進め、行政の透明性を高め、住民参画の推進

⑥ 広域的な実施体制

市町村の規模のあり方や地域の状況等に配慮しつつ、広域連合等の活用など広域的な実施体制を支援

（５）利用者保護と信頼できる介護サービスの育成

～「安心して選べるサービスづくり」～

（施策の方向）

利用者が介護サービスを適切に選択し、利用できるような環境づく

りを進めるため、介護サービスに関する情報整備や質の評価の普及、適正な契約指導などの利用者保護施策に取り組む。また、介護サービスの質的な向上と効率化を目指す観点から、介護関連事業の健全な振興とともに、福祉用具の開発・普及を進める。

① 利用者に対する適切な情報提供

介護サービス事業者に関する情報を電子情報網（ネットワーク）を介して提供するなどの情報整備、事業者による情報開示、介護サービスの質の評価の促進

② 利用者保護の推進

介護サービスに関する苦情に的確に対応し、悪質な事業者には厳正に対処するとともに、適正な介護サービス利用契約が締結されるよう、事業者指導や適切な情報提供に努力、また、個人情報保護の徹底

③ 多様な事業者の参入促進

情報提供及び政策融資の活用などにより、事業者の健全性の確保にも十分配慮し、多様な事業者の参入の促進

④ 効率的な事業運営のための情報化の推進

事業者・施設からの請求と審査事務を効率化するため、電子媒体の利用促進と一層の情報化の推進

⑤ 介護分野における良好な雇用機会の創出等

介護分野の特性に配慮しつつ、能力開発、労働者の福祉の増進と一体となった良好な雇用機会の創出等のための施策の推進

⑥ 福祉用具の研究開発、普及の促進

民間における福祉用具の研究開発支援、国における介護機器等研究事業の推進、高齢者が福祉用具を適切に選択できる環境整備等

（６） 高齢者の保健福祉を支える社会的基礎の確立
～「保健福祉を支える基礎づくり」～

（施策の方向）

高齢者保健福祉の質的向上を図るため、その基礎を支える科学技術の研究を推進する。また、福祉専門職の養成を進めるとともに、国民皆が介護にふれ、参画できる機会を提供する。そのような環境づくりの中で、広く高齢者や障害者にやさしいまちづくりを進めるとともに、

広く国際交流に努め、福祉文化を高める。

① 長寿科学推進総合対策
　長寿科学に関する基礎医学的研究や社会科学的研究の実施等

② 福祉教育の推進
　介護福祉士等の福祉専門職の養成推進、児童・生徒のボランティア活動の推進

③ 介護に対する理解の推進
　国民誰もが、助け合いの心をもって介護に参画できるよう、介護に関する実践的な知識・技術を身につけていくための施策の充実

④ 高齢者・障害者に配慮されたまちづくりの推進
　公共空間のバリアフリー化の推進等

⑤ 国際交流の推進
　高齢者介護等に関する国際交流を推進し、知識・技術の相互交流による福祉文化の交流

3　平成１６年度における介護サービス提供量

各地方公共団体が作成する介護保険事業計画における介護サービス見込量の集計等を踏まえ、平成１６年度における介護サービス提供の見込量は下記のとおりである。

区　　分	(新ＧＰ目標 平成１１年度)	平成１６年度
(訪問系サービス)		
訪問介護 (ホームヘルプサービス)	— 17万人	225百万時間 (35万人) ＊
訪問看護 (訪問看護ステーション)	— 5千か所	44百万時間 (9千9百か所) ＊
(通所系サービス)		
通所介護 (デイサービス) ／通所リハビリテーション (デイケア)	— １．７万か所	105百万回 (2.6万か所) ＊

（短期入所（ショートステイ）系サービス）

短期入所生活介護／短期入所療養介護	6万人分（ショート専用床）	4,785千週（9.6万人分）＊短期入所生活介護専用床

（施設系サービス）

介護老人福祉施設（特別養護老人ホーム）	29万人分	36万人分
介護老人保健施設	28万人分	29.7万人分

（生活支援系サービス）

痴呆対応型共同生活介護（痴呆性老人グループホーム）	—	3,200か所
介護利用型軽費老人ホーム（ケアハウス）	10万人	10.5万人
高齢者生活福祉センター	400か所	1,800か所

注：平成16年度（）内＊の数値については、一定の前提条件の下で試算した参考値である。

資料2

重点的に推進すべき少子化対策の具体的実施計画について（概要）
（新エンゼルプラン）

平成１１年１２月１９日

大蔵・文部・厚生・労働・建設・自治６大臣合意

※一部削除及び要約してあります（筆者）。

Ⅰ　趣　旨

少子化対策については、これまで「今後の子育て支援のための施策の基本的方向について」（平成６年１２月文部・厚生・労働・建設４大臣合意）及びその施策の具体化の一環としての「当面の緊急保育対策等を推進するための基本的考え方」（平成６年１２月大蔵・厚生・自治３大臣合意）等に基づき、その推進を図ってきたところであるが、今般「少子化対策推進関係閣僚会議」で決定された「少子化対策推進基本方針」において、重点的に実施すべき対策の具体的実施計画を取りまとめることとされたことから、このプランを策定する。

Ⅱ　施策の目標

1　保育サービス等子育て支援サービスの充実

必要なときに利用できる多様な保育サービスを整備する。また、在宅の乳幼児を含めた子育て支援を充実する。

（１）　低年齢児（０～２歳）の受け入れの拡大

平成11年度		平成16年度
58万人	→	68万人

○　入所待機対策として、併せて少子化対策臨時特例交付金の活用、保育所の設置主体制限の撤廃等の規制緩和、応急策として家庭的保育の導入等を行う。

（２）　多様な需要に応える保育サービスの推進

	平成11年度		平成16年度
①　延長保育の推進	7,000ケ所	→	10,000ケ所
②　休日保育の推進	100ケ所	→	300ケ所
③　乳幼児健康支援一時預かりの推進（病気回復期の乳幼児の保育）	450ケ所	→	500市町村
④　多機能保育所等の整備			2,000ケ所

（３）　在宅児も含めた子育て支援の推進

① 地域子育て支援センターの整備	1,500ケ所	→	3,000ケ所
② 一時保育の推進	1,500ケ所	→	3,000ケ所
③ ファミリー・サポートセンターの整備	62ケ所	→	180ケ所
④ 放課後児童クラブの推進	9,000ケ所	→	11,500ケ所

2 仕事と子育ての両立のための雇用環境の整備

（1） 育児休業をとりやすく、職場復帰をしやすい環境の整備

育児休業を取りたい人が、育児休業を取ることができるよう、以下の施策を実施

① 育児休業制度の充実に向けた検討

② 育児休業給付の見直し（給付水準を４０％に引上げ－現行２５％）

③ 事業主のよる育児休業取得者の円滑な職場復帰への支援の促進

（2） 子育てのための時間確保の推進等子育てをしながら働き続けることのできる環境の整備

① フレーフレー・テレフォン事業の整備（電話等による相談・情報提供）

② 事業主による子育て支援の促進（事業内託児施設助成金制度の拡充等）

③ 子育てのための時間確保の推進に関する検討

④ 労働時間の短縮等の推進

⑤ 子どもの看護のための休暇制度の検討

3 働き方についての固定的な性別役割分業や職場優先の企業風土の是正

（1） 固定的な性別役割分業の是正

① 職場における性別役割分担の是正

② 男女の雇用機会均等の確保

（2） 職場優先の企業風土の是正

① 国民的な広報活動の実施

② ファミリー・フレンドリー企業の普及促進

4 母子保健医療体制の整備

母子保健水準の改善を目指し、安心して妊娠・出産・育児ができる体制を整備する。

（1） 国立成育医療センター（仮称）の整備等
（2） 総合周産期母子医療センターを中核とした周産期医療ネットワークの整備
（3） 小児救急医療支援の推進（2次医療圏に小児専門の救急医療体制の整備）
（4） 不妊専門相談センターの整備

5　地域で子どもを育てる教育環境の整備

（1） 体験活動等の情報提供及び機会と場の充実
① 子どもセンターの全国展開
② 子ども放送局の推進
③ 子どもの活動の機会と場の拡大のための各省庁等と連携した事業の推進
④ 子どもの文化活動や鑑賞の機会を充実する地域こども文化プランの推進
⑤ 子ども24時間電話相談（調査研究事業）の推進
（2） 地域における家庭教育を支援する子育て支援ネットワークの整備
① 家庭教育手帳・ノートを作成、乳幼児や小・中学生等を持つ親に順次配布
② 家庭教育24時間電話相談（調査研究事業）の推進
③ 子育てサポーターの配置による地域における子育て支援ネットワーク構築事業を実施し、その成果を各市町村に普及
（3） 学校において子どもが地域の人々と交流し、様々な社会環境に触れられるような機会の充実
地域住民のニーズに応えられるよう学校開放事業を推進するとともに、余裕教室を社会教育施設や社会福祉施設等に有効利用するための施策の推進
（4） 幼稚園における地域の幼児教育センターとしての機能等の充実
保護者と地域のニーズに十分に応えられるよう、預かり保育や子育て支援事業の推進

6　子どもたちがのびのび育つ教育環境の実現

（1） 学習指導要領等の改訂
自ら学び自ら考える力など一人一人の子どもたちに「生きる力」を

育成することをねらいとした学習指導要領等の改訂

（２） 平成１４年度から完全学校週５日制の一斉実施

（３） 高等学校教育の改革及び中高一貫教育の推進

① 総合学科の設置促進

② 単位制高等学校の設置促進

③ 中高一貫教育校の設置促進

（４） 子育ての意義や喜びを学習できる環境の整備

① 中学校、高等学校の全ての生徒が家庭科等において子どもの発達や家庭等に関する内容を学習するよう改訂した学習指導要領を平成１４年度から中学校、平成１５年度から高等学校で実施

② 高校生が幼稚園等で幼児とふれあう体験学習の機会の充実
全ての高等学校において保育・介護体験の推進

（５） 問題行動へ適切に対応するための対策の推進

① 「心の教室」カウンセリング・ルームの整備

② スクールカウンセラー及び「心の教育相談員」の学校配置

7 教育に伴う経済的負担の軽減

（１） 育英奨学事業の拡充

学生が自立して安心して学べるようにするため、希望する学生が奨学金の貸与を受けられるよう事業を充実

（２） 幼稚園就園奨励事業等の充実

8 住まいづくりやまちづくりによる子育ての支援

（１） ゆとりある住生活の実現

（２） 仕事や社会活動をしながら子育てしやすい環境の整備

① 職住近接で子育てのしやすい都心居住の推進

② 住宅等と保育所等の一体的整備等の推進

（３） 安全な生活環境や遊び場の確保

① コミュニテイ道路や歩車共存道路などの整備の推進

② コミュニテイ・ゾーン形成事業の促進

③ 子どもの視点に立った歩道の補修などの改善の推進

④ バリアフリー歩行空間ネットワークの形成の推進

⑤ 遊び場等の整備

第二部　自治体と介護保険

第一章　介護保険のイメージ

最初に、介護保険制度の個別の解説にはいる前に、介護保険でサービスを実際にうけるまでの流れのイメージを描いておきましょう。

申　請

高齢の方が寝たきりや痴呆などになり、日常生活をおくるのに他人の世話を必要とするようになった場合には、住んでいる市区町村の窓口（介護保険担当課）に介護サービスをうけるための申請をします（別紙１）。

訪問調査

そうしますと、市区町村から調査員が家庭を訪問して、健康状態や日常生活の様子などを本人や家族から聞き、調査票に記入します。

調査票には○印をつける基本調査欄と、基本調査欄に盛りこめない具体的な状況等を記入する特記事項欄があります（別紙２）。

主治医の意見書

また、市区町村は、申請者の主治（かかりつけ）医から医学的な見地にもとづいた意見書を取りよせます。

審査判定

調査票の基本調査欄の調査結果をコンピュータに入れて、判定をします（一次判定）。この一次判定結果をもとにして、調査票の特記事項および主治医意見者を参考にしながら、保健・医療・福祉などの専門家で構成される「介護認定審査会」において、介護の必要性と必要度について審査・判定をおこないます。

判定は、介護が必要な状態に応じて、次のような区分に分類されます。

●自　立　●要支援　●要介護（1、2、3、4、5）

認定通知

この判定にもとづいて、市区町村が認定をおこない、認定結果を被保険者証に記入して、申請者に通知します。

この認定に納得できない場合には、都道府県に設置されている「介護保険審査会」に不服の申し立てをすることができます。

介護サービス計画

認定の通知をうけたら、認定の区分に応じ、どのような介護サービスをどのように組み合わせて利用したらいいのか、専門の人（介護支援専

※　ケアマネージメント

介護保険制度には本格的なケアマネージメントがとりいれられています。ケアマネージメントは、介護等を必要とする者がそのニーズに合った適切なサービスがうけられるように支援する活動のことをいいます。その過程は、

① アセスメント（課題分析）
② 介護サービス計画の作成
③ 計画にそったサービスの利用
④ サービスの継続的な管理と再評価

の四段階からなっています。

門員＝ケアマネージャー）に相談し、介護サービスの利用計画（ケアプラン）をつくってもらいます。利用者自身がつくることもできます。

サービスの利用

利用計画にもとづいて、サービス事業者や施設と契約をして、必要なサービスを利用することができます。実際にサービスをうけるときには、サービス費用の九割が保険から支払われ、一割を利用者が負担します。

介護保険（要介護認定・要支援認定／要介護更新認定・要支援更新認定）申請書

様

次のとおり申請します。

この申請項目は、電子計算組織に記録されます。

		申請年月日	年　月　日
申請者氏名		本人との関係	
提出代行者名称	該当に○（指定居宅介護支援事業者・指定介護老人福祉施設・介護老人保健施設・指定介護療養型医療施設）　印		
申請者住所	〒　電話番号		

＊申請者が被保険者本人の場合、申請者住所・電話番号は記載不要

被保険者	被保険者番号				
	フリガナ		生年月日	明・大・昭　西暦　年　月　日	
	氏　名		性　別	男　・　女	
	住　所	〒　電話番号			
	前回の要介護認定の結果等　＊要介護・要支援更新認定の場合のみ記入	要介護状態区分　1　2　3　4　5　要支援			
		有効期間　平成　年　月　日から　平成　年　月　日			
	介護保険施設入所の有無（短期入所を除く）	有	入所施設名		
			所在地		
		無			

主治医	主治医の氏名		医療機関名	
	所在地	〒　電話番号		

２号被保険者（４０歳から６４歳の医療保険加入者）のみ記入

医療保険者名		医療保険被保険者証記号番号	
特定疾病名			

※この申請による認定結果を、主治医意見書を作成した医師に通知することに　□同意する　□同意しない

介護サービス計画を作成するために必要があるときは、要介護認定・要支援認定にかかる調査内容、介護認定審査会による判定結果・意見、及び主治医意見書を居宅介護支援事業者、居宅サービス事業者又は介護保険施設の関係人に提示することに同意します。

本人氏名

認定調査票（概況調査）

I.

調査実施者（記入者）	
市区町村コード □□□□□	実施日時 □□□□年□□月□□日□□時
管理市町村コード □□□□□	調査者番号 □□□□□□□□□□
実施場所 □居宅内 □入所（院）施設内 □その他	

II.

調査対象者	
過去の認定 初回・2回め以降（前回認定　年　月　日）	前回認定結果　非該当・要支援・要介護（　　）
対象者番号 □□□□□□□□□□	生年月日　年　月　日
ふりがな 対象者氏名	現住所
電話番号 □□□□□□-□□□□-□□□□	性別　男・女
申請日 □□□□年□□月□□日	調査回目 □□回目
家族等連絡先住所 氏　名　対象者との関係（　）	電話番号　－　－

III. 現在受けているサービスの状況についてチェック及び頻度を記入してください。

在宅利用

過去3月間の平均回数を記入　福祉用具貸与は調査日、福祉用具購入は過去6月の品目数を記載

訪問介護（ホームヘルプサービス）月□□回	訪問入浴介護 月□□回	訪問看護 月□□回
訪問リハビリテーション 月□□回	居宅療養管理指導 月□□回	通所介護（デイサービス）月□□回
通所リハビリテーション（デイケア）月□□回	福祉用具貸与 □□品目	短期入所生活介護（特養）月□□日
短期入所療養介護（老健・診療所）月□□日	痴呆対応型共同生活介護 月□□日	特定施設入所者生活介護 月□□日
福祉用具購入 □□品目	住宅改修 あり□　なし□	

市町村特別給付

介護保険給付外の在宅サービス

施設利用

□介護老人福祉施設　□介護老人保健施設　□介護療養型医療施設　□介護保険施設以外の施設

施設連絡先　施設名（　　）

〒　－　　電話　－　－

IV. 調査対象者の主訴、家族状況、住居環境、虐待の有無等について特記すべき事項を記入してください。

認定調査票（基本調査①）

市区町村コード □□□□□　　対象者番号 □□□□□□□□□□

調査日 □□□□ 年 □□ 月 □□ 日

1-1	麻痺等の有無（複数可）	☐ 1）ない	☐ 2）左上肢	☐ 3）右上肢	☐ 4）左下肢	☐ 5）右下肢	☐ 6）その他	
1-2	関節の動く範囲の制限の有無（複数可）	☐ 1）ない	☐ 2）肩関節	☐ 3）肘関節	☐ 4）股関節	☐ 5）膝関節	☐ 6）足関節	☐ 7）その他
2-1	寝返り	☐ 1）つかまらないでできる	☐ 2）何かにつかまればできる	☐ 3）できない				
2-2	起き上がり	☐ 1）つかまらないでできる	☐ 2）何かにつかまればできる	☐ 3）できない				
2-3	両足がついた状態での座位保持	☐ 1）できる	☐ 2）自分の手で支えればできる	☐ 3）支えてもらえばできる	☐ 4）できない			
2-4	両足がつかない状態での座位保持	☐ 1）できる	☐ 2）自分の手で支えればできる	☐ 3）支えてもらえばできる	☐ 4）できない			
2-5	両足での立位保持	☐ 1）支えなしでできる	☐ 2）何か支えがあればできる	☐ 3）できない				
2-6	歩行	☐ 1）つかまらないでできる	☐ 2）何かにつかまればできる	☐ 3）できない				
2-7	移乗	☐ 1）自立	☐ 2）見守り（介護側の指示を含む）	☐ 3）一部介助	☐ 4）全介助			
3-1	立ち上がり	☐ 1）つかまらないでできる	☐ 2）何かにつかまればできる	☐ 3）できない				
3-2	片足での立位保持	☐ 1）支えなしでできる	☐ 2）何か支えがあればできる	☐ 3）できない				
3-3	一般家庭用浴槽の出入	☐ 1）自立	☐ 2）一部介助	☐ 3）全介助	☐ 4）行っていない			
3-4	洗身	☐ 1）自立	☐ 2）一部介助	☐ 3）全介助	☐ 4）行っていない			
4-1 じょくそう	じょくそう（床ずれ）の有無	☐ 1）ない	☐ 2）ある					
	じょくそう（床ずれ）以外に処置や手入れが必要な皮膚疾患の有無	☐ 1）ない	☐ 2）ある					
4-2	片方の手を胸元まで持ち上げられるか	☐ 1）できる	☐ 2）介助があればできる	☐ 3）できない				
4-3	嚥下	☐ 1）できる	☐ 2）見守り（介護側の指示含む）	☐ 3）できない				
4-4 尿意・便意	ア．尿意	☐ 1）ある	☐ 2）時々	☐ 3）ない				
	イ．便意	☐ 1）ある	☐ 2）時々	☐ 3）ない				
4-5	排尿後の後始末	☐ 1）自立	☐ 2）間接的援助のみ	☐ 3）直接的援助	☐ 4）全介助			
4-6	排便後の後始末	☐ 1）自立	☐ 2）間接的援助のみ	☐ 3）直接的援助	☐ 4）全介助			
4-7	食事摂取	☐ 1）自立	☐ 2）見守り（介護側の指示を含む）	☐ 3）一部介助	☐ 4）全介助			
5-1 清潔	ア．口腔清潔（はみがき等）	☐ 1）自立	☐ 2）一部介助	☐ 3）全介助				
	イ．洗顔	☐ 1）自立	☐ 2）一部介助	☐ 3）全介助				
	ウ．整髪	☐ 1）自立	☐ 2）一部介助	☐ 3）全介助				
	エ．つめ切り	☐ 1）自立	☐ 2）一部介助	☐ 3）全介助				
5-2 衣服着脱	ア．ボタンのかけはずし	☐ 1）自立	☐ 2）見守り（介護側の指示を含む）	☐ 3）一部介助	☐ 4）全介助			
	イ．上衣の着脱	☐ 1）自立	☐ 2）見守り（介護側の指示を含む）	☐ 3）一部介助	☐ 4）全介助			
	ウ．ズボン・パンツの着脱	☐ 1）自立	☐ 2）見守り（介護側の指示を含む）	☐ 3）一部介助	☐ 4）全介助			
	エ．靴下の着脱	☐ 1）自立	☐ 2）見守り（介護側の指示を含む）	☐ 3）一部介助	☐ 4）全介助			

認定調査票（基本調査②）

市区町村コード □□□□□　　対象者番号 □□□□□□□□□□

調査日 □□□□ 年 □□ 月 □□ 日

5-3 居室の掃除	□1）自立 □2）一部介助 □3）全介助
5-4 薬の内服	□1）自立 □2）一部介助 □3）全介助
5-5 金銭の管理	□1）自立 □2）一部介助 □3）全介助
5-6 ひどい物忘れ	□1）ない □2）時々 □3）ある
5-7 周囲への無関心	□1）ない □2）時々 □3）ある
6-1 視力	□1）普通（日常生活に支障がない） □2）約1メートル離れた視力確認表の図が見える □3）目の前に置いた視力確認表の図が見える □4）ほとんど見えない □5）見えているのか判断不能
6-2 聴力	□1）普通 □2）普通の声がやっと聴き取れる、聴き取りが悪いため聴き間違えたりすることがある □3）かなり大きな声なら何とか聴き取れる □4）ほとんど聴こえない □5）聴こえているのか判断不能
6-3 意思の伝達	□1）調査対象者が意思を他者に伝達できる □2）時々伝達できる □3）ほとんど伝達できない □4）できない
6-4 介護側の指示への反応	□1）介護側の指示が通じる □2）介護側の指示が時々通じる □3）介護側の指示が通じない

6-5 理解	ア. 毎日の日課を理解することが	□1）できる □2）できない	7 行動	ク. 大声をだすことが	□1）ない □2）時々 □3）ある
	イ. 生年月日や年齢を答えることが	□1）できる □2）できない		ケ. 助言や介護に抵抗することが	□1）ない □2）時々 □3）ある
	ウ. 面接調査の直前に何をしていたか思い出すことが	□1）できる □2）できない		コ. 目的もなく動き回ることが	□1）ない □2）時々 □3）ある
	エ. 自分の名前を答えることが	□1）できる □2）できない		サ. 「家に帰る」等と言い落ち着きがない	□1）ない □2）時々 □3）ある
	オ. 今の季節を理解することが	□1）できる □2）できない		シ. 外出すると病院、施設、家などに1人で戻れなくなることが	□1）ない □2）時々 □3）ある
	カ. 自分がいる場所を答えることが	□1）できる □2）できない		ス. 1人で外に出たがり目が離せないことが	□1）ない □2）時々 □3）ある
7 行動	ア. 物を盗られたなどと被害的になることが	□1）ない □2）時々 □3）ある		セ. いろいろなものを集めたり、無断でもってくることが	□1）ない □2）時々 □3）ある
	イ. 作話をし周囲に言いふらすことが	□1）ない □2）時々 □3）ある		ソ. 火の始末や火元管理ができないことが	□1）ない □2）時々 □3）ある
	ウ. 実際にないものが見えたり、聞こえる	□1）ない □2）時々 □3）ある		タ. 物や衣類を壊したり破いたりすることが	□1）ない □2）時々 □3）ある
	エ. 泣いたり笑ったり感情が不安定になる	□1）ない □2）時々 □3）ある		チ. 不潔な行為を行うことが	□1）ない □2）時々 □3）ある
	オ. 夜間不眠あるいは昼夜の逆転が	□1）ない □2）時々 □3）ある		ツ. 食べられないものを口に入れることが	□1）ない □2）時々 □3）ある
	カ. 暴言や暴行が	□1）ない □2）時々 □3）ある		テ. 周囲が迷惑している性的行動が	□1）ない □2）時々 □3）ある
	キ. しつこく同じ話をしたり、不快な音を立てることが	□1）ない □2）時々 □3）ある			

8 過去14日間に受けた医療（複数回答可）	処置内容	□1）点滴の管理 □2）中心静脈栄養 □3）透析 □4）ストーマ（人工肛門）の処置
		□5）酸素療法 □6）レスピレーター（人工呼吸器） □7）気管切開の処置
		□8）疼痛の看護 □9）経管栄養
	特別な対応	□10）モニター測定（血圧、心拍、酸素飽和度等） □11）じょくそうの処置
	失禁への対応	□12）カテーテル（コンドームカテーテル、留置カテーテル等）
9 日常生活自立度	障害老人の日常生活自立度（寝たきり度）	□正常 □J1 □J2 □A1 □A2 □B1 □B2 □C1 □C2
	痴呆性老人の日常生活自立度	□正常 □I □IIa □IIb □IIIa □IIIb □IV □M

認定調査票(特記事項)

市区町村コード □□□□□　　対象者番号 □□□□□□□□□□

調査日 □□□□年□□月□□日

1．麻痺・拘縮に関連する項目についての特記事項
1-1 麻痺等の有無、1-2 関節の動く範囲の制限の有無

1－□
1－□

2．移動等に関連する項目についての特記事項
2-1 寝返り、2-2 起き上がり、2-3 両足がついた状態での座位保持、2-4 両足がつかない状態での座位保持
2-5 両足での立位保持、2-6 歩行、2-7 移乗

2－□
2－□
2－□

3．複雑な動作等に関連する項目についての特記事項
3-1 立ち上がり、3-2 片足での立位保持、3-3 一般家庭用浴槽の出入り、3-4 洗身

3－□
3－□
3－□

4．特別な介護等に関連する項目についての特記事項
4-1 じょくそう(床ずれ)等の有無、4-2 片方の手を胸元まで持ち上げられるか、4-3 嚥下、4-4 尿意・便意、
4-5排尿後の後始末、4-6 排便後の後始末、4-7 食事摂取

4－□
4－□
4－□

5．身の回りの世話等に関連する項目についての特記事項
5-1 清潔、5-2 衣服着脱、5-3 居室の掃除、5-4 薬の内服、5-5 金銭の管理、5-6 ひどい物忘れ、5-7 周囲への無関心

5－□
5－□
5－□

6．コミュニケーション等に関連する項目についての特記事項
6-1 視力、6-2 聴力、6-3 意思の伝達、6-4 介護側の指示への反応、6-5 理解

6－□
6－□
6－□

7．問題行動に関連する項目についての特記事項
7 行動 □

8．特別な医療についての特記事項
8 過去14日間に受けた医療

□

第二章　介護保険の目的と基本的理念

一　介護保険制度の目的

高齢者の介護については、介護保険制度が施行されるまでは老人福祉制度と老人医療制度との間で十分に関連がもたれないまま、この二つの制度で個別に対応してきました。

そのため、実体的には同じような介護を必要とする高齢者でありながら、両制度の間には利用者負担や利用手続き等に不合理な差異が生じていました。

介護保険制度は、このように福祉と医療に分かれていた従来の制度を再編成することによって、福祉サービスも保健医療サービスも同じような利用手続きと利用者負担で、利用者の選択により、総合的に利用できる仕組みを構築することをねらいとしています。

介護保険法第一条では法の目的を、次のようにさだめています。

◇加齢にともなう疾病等により要介護状態となり、入浴・排せつ・食事等の介護、機能訓練や看護・療養上の管理等の医療等を必要とする者が、

◇その有する能力に応じた自立した日常生活を営むことができるよう、必要な保健医療サービスおよび福祉サービスの給付をおこなうため、

◇国民の共同連帯の理念にもとづき介護保険制度をもうけ、国民の保健医療の向上および福祉の増進をはかることとする。

二　保険給付の基本的理念

同法第二条では、介護保険は被保険者の要介護状態または要介護状態となるおそれがある状態（要介護状態）にかんし、必要な保険給付をおこなうものとし、その基本的理念として次のような六つのことをあげています。

①　要介護状態の軽減・悪化の防止または要介護状態となることの予防に資するようおこなわれること（予防重視のサービス提供）。

※　自立

一般には、他者に依存しない状態をいいますが、自立の側面には、経済的自立、身辺自立、社会的自立、精神的自立などがあります。

社会福祉においては、精神的自立や社会的自立、自己決定による主体的生活の尊重が強調されています。

また、自立した生活とは、各種の社会資源を活用しながら、自分の生を主体的に営んでいくことを指しています。

② 医療との連携に十分配慮しておこなわれること（医療・保健・福祉の連携のとれたサービス提供）。

③ 被保険者の心身の状況、その置かれている環境等に応じて、被保険者の選択にもとづき、適切な保健医療サービスおよび福祉サービスが提供されるよう配慮しておこなわれること（利用者本位のサービス提供）。

④ 保健医療サービスおよび福祉サービスは、多様な事業者または施設から提供されるよう配慮しておこなわれること（多様な供給主体からのサービス提供）。

⑤ 保健医療サービスおよび福祉サービスは、総合的かつ効率的に提供されるよう配慮しておこなわれること（総合的・効率的なサービス提供）。

⑥ 保険給付の内容および水準は、被保険者が要介護状況になった場合においても、可能なかぎり、その居宅において、その有する能力に応じ自立した日常生活を営むことができるように配慮すること（在宅サービスの重視）。

三　国民の努力・義務

介護保険制度を支える究極は国民です。同法第三条では、国民の努力・義務を次のようにさだめています。

① 国民は、常にみずから要介護状態となることを予防するため、加齢にともなって生ずる心身の変化を自覚して常に健康の保持増進に努めること。

② 国民は、要介護状態になった場合においても、すすんでリハビリテーションその他の適切な保健・医療・福祉サービスを利用することにより、その有する能力の維持向上につとめること。

③ 国民は、共同連帯の理念にもとづき、介護保険事業に要する費用を公平に負担すること。

第三章　介護保険の運営責任者―保険者

一　保険者は市区町村

保険に一定の要件をそなえた者を加入させて、保険料を賦課・徴収し、加入者に一定の状態（保険事故）が発生した場合に保険給付をおこなう者を保険者といいます。

介護保険の創設にさいしては、保険者を誰にするのか議論がありましたが、最終的には市区町村（以下「市町村」といいます。）が保険者となり、保険事業の運営に責任をもってあたることになりました。

市町村が保険者となった理由として、次のような三つのことがあげられます。

① 介護サービスには地域ごとの特性があることやこれまでに保健福祉事業に実績をつんできていることから、市町村において保険給付の決定や支払いをおこなうのに適当であること（給付主体の機能）

市町村は、この機能から具体的には要介護認定、介護保険事業計画の策定、介護保険特別会計の編成などをおこないます。

② 保険料等の決定にあたって、地域ごとのサービス水準を反映させたり、寝たきり予防等の努力を反映しやすいこと（財政主体の機能）

市町村は、この機能から具体的に保険料率・額をきめ、保険料を賦課・徴収し、保険会計を処理します。

③ 地方分権の流れにそうものであること（地方分権）

二一世紀にむけて、日本は自治・分権型社会におおきくふみこんでいます。福祉サービスは、住民にもっとも身近な政府である市町村において提供されることが望ましく他の行政分野に先んじて分権化はすすんできましたが、介護という住民の日常生活にかかわる問題をあつかう介護保険制度の保険者を市町村とすることが、地方分権の流れにそうものであるといえます。

※ **社会保険と私保険**

介護保険は、医療保険、年金保険、雇用保険、業務災害補償保険につづく、五つ目の社会保険です。

社会保険は、拠出する保険料と保険給付との総体的な対価関係（収支対応関係）を基本として保険事故にたいする給付をおこなう制度です。社会保険は、保険者が国・自治体や公法人であること、一定の対象者に加入が強制されること、保険料と保険給付が法定され選択できないこと、公費負担があること、事業主負担があること等の点で私保険と異なります。社会保険では全体としての収支均衡をはかり、低所得者も加入できますが、私保険では、個別収支対応の原則によって、低所得者は保険料を払えず、加入できません。

二　保険事業運営の広域化

小規模な市町村においては、保険財政の運営の安定化と事務処理の効率化をはかるために、保険事業運営を広域化することも有効な手段です。

地方自治法にさだめる広域連合や一部事務組合をもうけて介護保険事業をおこなうことができます。

この場合には、広域連合や一部事務組合が、組織市町村に代わって保険者となり、保険者としての事務をおこなうことになります。

なお、複数市町村により、介護認定審査会を共同設置することもできますが、この場合に共同でおこなうのは審査判定業務であり、認定調査や認定自体は各市町村でおこなうことになります。

三　重層的な支え合いの仕組み

介護保険制度を運営するためには、相当量の財政負担と事務負担を必要とします。そこで、介護保険制度は、保険者である市町村の保険財政の安定化と事務の円滑な実施をはかるために、国、都道府県、医療保険者、年金保険者が共同で支える重層的な仕組みになっています。

◎　国は、要介護認定基準などの全国的基準づくり、介護保険事業計画の基本指針づくり、市町村へ必要な財政支援などをおこないます。

◎　都道府県は、サービス事業者の指定、市町村への必要な指導と適切な援助（財政支援・事務実施支援）、保険料や認定等にかんする不服の審査をおこないます。

◎　医療保険者は、第二号被保険者の保険料を医療保険料（税）と一括して徴収し、社会保険診療報酬支払基金に納付します。医療保険者には、国＝社会保険庁（政府管掌健康保険）、健康保険組合、市町村（国民健康保険）、国民健康保険組合および共済組合があります。

◎　社会保険診療報酬支払基金は、医療保険者から納付金を徴収し、市町村へ介護給

※　**医療保険**

疾病、負傷、死亡または出産の短期的な経済的損失について保険給付をおこなう制度です。健康保険、船員保険、各種共済組合、国民健康保険があります。

※　**社会保険診療報酬支払基金**

医療機関等から請求のあった医療保険の給付の費用について、審査・支払いをするために設立された法人です。主たる事務所を東京都におき、従たる事務所が各都道府県におかれています。介護保険の新たな事務がくわわりました。

付費交付金を交付します。

◎ 国民健康保険団体連合会は、居宅介護サービス費等の請求の審査・支払（市町村から受託）、サービスの質にかんする調査、事業者等にたいする指導・助言などをおこないます。

◎ 年金保険者は、第一号被保険者の年金から保険料を徴収し、市町村に納付します。年金保険者には、国＝社会保険庁（国民年金および厚生年金）および共済組合があります。

四　保険者の仕事

市町村は保険者として、複雑かつ多量な仕事を担当しています。その主なものあげておきます。

① 被保険者の資格管理にかんする事務
被保険者台帳の作成、被保険者証の発行・更新など

② 要介護認定・要支援認定にかんする事務
要介護認定・要支援認定事務、介護認定審査会の設置など

※ **国民健康保険団体連合会**

国民健康保険の診療報酬の診療・支払などをおこなうために保険者が共同して設立した法人です。各都道府県に一つずつ設置されています。

介護保険の新たな事務がくわわりました。

※ **社会保険庁**

厚生省の外局（厚生省に属するが比較的独立性をもつ機関）で、政府管掌の健康保険事業や年金保険事業をおこなっています。

※ **年金保険**

老齢、障害、死亡を保険事故として、年金給付をおこない、被保険者やその遺族の生活の保障を目的とした長期保険です。国民年金保険、厚生年金保険、各種共済組合があります。

③　保険給付にかんする事務
現物給付の審査・支払い（国民健康保険団体連合会に委託）、償還払いの保険給付、高額介護サービス費の支給、市町村特別給付の実施など
④　保健福祉事業にかんする事務
介護者の支援事業や介護予防事業の実施など
⑤　市町村介護保険事業計画にかんする事務
年度別の必要サービス量等にかんする計画の策定・推進
⑥　保険料にかんする事務
第一号被保険者の保険料率の設定・保険料額の算定、徴収、督促・滞納処分、保険料の減免など
⑧　条例・規則等にかんする事務
介護保険にかんする条例・規則の制定など
⑨　会計等にかんする事務
特別会計の設置、予算・決算、国・都道府県負担金等の申請・収納、支払基金からの交付金の申請・収納など
⑩　関連する他制度にかんする事務
国民健康保険の保険者としての事務、生活保護の介護扶助・生活扶助など
⑪　その他

五　介護保険の会計

市町村は、介護保険にかんする収入および支出について、特別会計をもうけています。この特別会計を介護保険特別会計といいます。

介護保険事業は、保険料、市町村・都道府県・国の負担金、社会保険診療報酬支払基金からの介護給付費交付金等の特定の収入を財源として、これを保険給付や保健福祉事業等の特定の支出にあてます。

介護保険事業を健全に運営していくためには、この収入と支出の均衡がとれることがもとめられます。そのため、介護保険事業にかんする収入と支出については、市町村の一般財政の収入支出（一般会計）と区別して経理し、介護保険事業自体の経理を明確にしておく必要があることから、介護保険特別会計がもうけられています。

介護保険の保険給付に必要な費用については、法律上にその財源が明確に規定されていますので、本来第一号被保険者の保険料でまかなうべき部分については一般会計から繰りいれをおこなうことは望ましくありません。したがって、想定した以上の保険料の

※　一般会計と特別会計

市町村長は、毎会計年度（四月一日から翌年三月三一日まで）の予算を調整し、年度開始前に、議会の議決をへなければなりません。

市町村の会計は、一般会計と特別会計とからなっています。特別会計は市町村が特定の事業をおこなう場合その他特定の歳入をもって特定の歳出にあて、一般の歳入歳出と区分して経理する必要がある場合において、条例でこれを設置できることになっています。

介護保険特別会計については、介護保険法で設置が義務づけられていますので、改めて条例を制定する必要はありません。

市町村の特別会計には、国民健康保険特別会計、老人保健医療特別会計、下水道事業特別会計などがあります。

未納があったり、想定した以上の給付があったような場合には、積立金のとり崩し等によって充当することになります。それでも、財源の不足が生じた場合には、市町村は都道府県に設置される財政安定化基金から貸付けや交付をうける仕組みがもうけられています。

【課題】

（1）介護保険と類似の会計制度をとる国民健康保険の場合には、実態として保険料の値上げのむずかしさ等から、本来保険料で賄うべき不足額にあてるために一般会計から相当額の繰りいれがおこなわれており、市町村の財政悪化の一因となっています。介護保険特別会計でも運用次第によっては、同様の問題が生じかねず、健全運営がもとめられます。

（2）介護保険事業を適切かつ円滑に実施するためには、介護予防や生活支援などの周辺サービスや関連事業を一般会計で補完していく必要があます。補完の内容・程度や介護保険特別会計と一般会計との間の事業の振りわけをどのようにするのかについて、自治体の政策判断が問われます。

六　条例で規定すべき事項

介護保険法において、市町村が議会の議決で制定する条例で規定すべき事項として次のようなものがあります。

① 介護認定審査会の委員の定数
② 市町村特別給付
③ 居宅介護サービス費区分支給限度基準額の上乗せ
④ 種類支給限度基準額の設定
⑤ 福祉用具購入費支給限度基準額の上乗せ
⑥ 住宅改修費支給限度基準額の上乗せ
⑦ 第一号被保険者にたいする保険料率の算定等賦課徴収にかんする事項
⑧ 普通徴収にかかる保険料の納期
⑨ 保険料の減免または徴収の猶予
⑩ 保健福祉事業
⑪ 過料にかんする事項

※　**自治体法**

自治体が定める法形式には「条例」と「規則」があります。

条例は、自治体がその事務を処理するために議会の議決により定める自主法で、自治体の事務であって、住民の権利を制限したり、住民に義務を課す事務は条例事項になっています。

規則は、市町村長や知事の権限に属する事務について市町村長や知事かぎりで制定できます。

いずれも公布という住民への周知手続をとることによって効力が発生します。

⑫　経過的な在宅給付の支給限度基準額の設定

このうち、保健福祉事業については、介護保険法では条例での定めることを明文で規定していませんが、基本的には第一号被保険者の保険料を財源とすることなどから、条例にさだめるべきでしょう。

なお、都道府県では、介護保険審査会の公益代表委員の定数を条例でさだめます。

【課題】

介護保険を地方自治の文脈でとらえると、憲法の保障する自治権の中心的な条例制定権が重視されなければなりません。介護保険法は、本則二一五条のなかで一九一項目が政令・省令・告示でさだめるべき事項とされていますが（巻末「参考資料」参照）、一〇数項目の条例事項もあります。

この条例事項については、厚生省から「介護保険条例」の参考例がしめされていますが、介護保険制度の目的や理念をふまえて、介護給付等対象サービス以外のサービスや介護保険事業が適正に運営されるための事業などもとりこんだ「介護福祉総合条例」がめざされるべきでしょう。

※　国の法体系

日本国憲法―法律―政令―省令―告示

「介護保険法」が法律にあたり国会の可決で成立し、「介護保険法施行令」が政令にあたり合議体としての内閣が制定し、「介護保険法施行規則」が省令にあたり所管大臣である厚生大臣が定めます。告示は「○○…の件」というような形式で所管大臣が定めます。このうち政令と省令をあわせて政省令と呼んでいます。これらの法の間には憲法を頂点に優劣関係にあり、下位の法は上位の法に違反することはできません。

第四章　介護保険の加入者―被保険者

一　被保険者

一定の要件をそなえ、保険に加入して、一定の状態（保険事故）が発生した場合に、保険給付をうける者を被保険者といいます。

介護保険では、一定の要件にそなえる者は当事者の意思のいかんにかかわらず、法律上当然に被保険者となり（強制適用・強制加入）、被保険者の権利・義務も法律のさだめるところによります。これによって、一定数の被保険者を確保することができ、保険財政の安定化と危険（リスク）の分散をはかることができます。

1　第一号被保険者

それぞれの市町村の区域内に住所のある六五歳以上の者が第一被保険者となります。個人個人が被保険者として保険料を負担しなければなりません。

2　第二号被保険者

それぞれの市町村の区域内に住所のある四〇歳以上六五歳未満の者で、いずれかの医療保険に加入している者が第二号被保険者となります。医療保険の被扶養者も介護保険に加入しますが、保険料を負担する必要はありません。

外国人についても、それぞれの市区町村の区域内に住所があると認められる者は被保険者（外国人登録をした者で一年以上日本に滞在）になります。

3　適用除外施設

次にかかげる施設（「適用除外施設」といいます。）に入所している六五歳以上の者は

※　住所の認定

住所とは、生活の本拠（民法第二一条）とされ、一定の地に常住しているという客観的居住の事実を基礎とし、その地に居住しているという主観的居住の意思を総合して決定します。介護保険法における住所についても、住民基本台帳に記載された住所が当該者の住所と推定されますが、それがただちに真実の住所をしめすものではありません。

住所の認定は、住民基本台帳を重要な資料として、個々の事実に即して具体的に認定されなければなりません。

具体例としては、老人福祉施設等に入所する場合で一年以上にわたって居住することが予想される者の住所は施設の所在地にあり、病院等に入院している者の住所は医師の診断により一年以上の長期かつ継続的な入院治療を要する認められた場合をのぞき、原則として家族の住所地にあるものとされています。

当分の間、介護保険の被保険者から除外されます。

◆身体障害者療護施設

◆重症心身障害児施設

◆指定国立療養所等の重症身心障害児（者）病棟または進行性筋萎縮症児（者）病棟

◆心身障害者福祉協会法に規定する福祉施設

◆ハンセン病療養所

◆救護施設

これらの施設については、長期入所のために介護保険のサービスをうける可能性が低いこと、施設で介護に相当するサービスを提供していること等の理由で、適用除外施設とされています。

二　生活保護受給者のあつかい

生活保護をうけている者は、次のようなあつかいになります。

●六五歳以上の者

六五歳以上の者は、第一号被保険者として、保険料は生活扶助で、利用者負担相

《第1被保険者と第2被保険者のちがい》

相違点	第1号被保険者	第2号被保険者
要　　件	65歳以上で住所を有する者	40歳～64歳で住所を有し、医療保険に加入している者
保険料の賦課徴収方法	所得に応じて負担 年金からの天引きまたは普通徴収	各医療保険の算定方法で算定し、医療保険料（税）に併せて徴収
保険給付の範囲	要介護状態等の原因を問わない	特定疾病に起因する要介護状態等に限定

当部分については介護扶助により、生活保護費から給付がおこなわれます。

●四〇歳以上六五歳未満の者

四〇以上六五歳未満の者で、医療保険に加入していない者は、介護保険の被保険者とならず、特定の疾病に起因する要介護状態等の場合に生活保護の介護扶助で給付がおこなわれます。

※ 医療扶助

健康保険法では、生活保護をうけている世帯に属するものは市町村のおこなう国民健康保険の被保険者としないことになっています。生活保護には医療扶助があります。

※ 被保護者

生活保護法にもとづく保護を現にうけている者を被保護者といいます。これにたいし、現に保護をうけているといないとにかかわらず、保護を必要とする状態にある者を要保護者といいます。

三 住所地の特例

介護老人福祉施設（特別養護老人ホーム）などの介護保険施設への入所により、当該施設の所在する場所に住所を変更したと認められる被保険者については、移転前の住所地の市町村が保険者となります。二つ以上の施設に順次入所した場合にも、最初の住所地の市町村が保険者となります。これを住所地主義の特例といっています。

介護保険制度では、住所地の市町村が保険者となるのが原則ですが（住所地主義）、介護保険施設のうちでも特に介護老人福祉施設（特別養護老人ホーム）に入所する者は当該施設所在の市町村に住所をうつすケースがおおいので、住所地主義をつらぬくと、施設所在の市町村に介護費用が集中し、財政負担に不均衡が生じます。この問題に対処するために住所地主義の特例がもうけられています。

四　被保険者資格の取得時期

次のような事実が発生した日に、被保険者の資格を取得します。

① 当該市町村の区域内に住所を有する医療保険の加入者が四〇歳に達っしたとき（年齢要件に到達したとき）

② 四〇歳以上六五歳未満の医療保険の加入者または六五歳以上の者が当該市区町村の区域内に住所を有するに至ったとき（住所を移転したとき）

③ 当該市町村の区域内に住所を有する四〇歳以上六五歳未満の者が医療保険の加入者となったとき（生活保護の被保護者でなくなり、医療保険に加入したとき）

④ 当該市町村の区域内に住所を有するが、医療保険に加入していなかった者が六五歳に達したとき（生活保護の被保護者が六五歳に到達したとき）

被保険者資格は、以上のような事実が発生した日に何ら手続きを要せず、当然に取得します（発生主義）。届けがない場合でも事実が判明すれば、その事実発生の日から被保

※ **発生主義**

事実が発生した日に、当然に資格を取得することを発生主義あるいは事実発生主義といい、申請した日や届け出の日に資格を取得することを申請主義や届出主義といいます。

介護保険制度では発生主義がとられています。

険者資格を取得したものとしてとりあつかわれます（遡及適用）。

五　被保険者資格の喪失時期

被保険者の資格は次のような日に失います。

①　当該市町村の区域内に住所を有しなくなった日の翌日。ただし、当該市町村の区域内に住所を有しなくなった日に他の市町村の区域内に住所を有するに至ったときは、その日。

②　医療保険加入者でなくなった日（第二号被保険者の場合）

六　届出すべき場合

第一号被保険者（六五歳以上の者）は、次のような場合に市町村に届出をしなければなりません。②～⑤の場合は、被保険者証を添付します。

① 他市町村から転入した場合
② 他市町村へ転出する場合
③ 市町村内で住所変更があった場合
④ 氏名や世帯主に変更があった場合
⑤ 被保険者が死亡した場合

なお、医療保険に加入していなかった者が六五歳に到達した場合については、市町村で把握できますので、届出の必要ありません。

同一事由で住民基本台帳法による届出（転入届、転出届、転居届、世帯変更届）があったときは、介護保険の届出があったものとみなされます。

第一号被保険者については、把握を確実にするため所要の届出義務を課し、届出をしなかった場合または虚偽の届出をしたときには、市町村は条例で一〇万円以下の過料を科する規定をもうけることができます。

第二号被保険者については、医療保険者が保険料を徴収し、市町村は、通常、要介護認定以降において被保険者の管理をおこなうこととなるため、一律に届出義務を課していません。

七　被保険者証の発行

介護保険被保険者証（介護保険証）は、被保険者であることをしめす証明書で、要介護認定の申請のときには市町村に提出し、サービスを利用するときには事業者や施設に提示します。第一号被保険者にはすべての者に交付されますが、第二号被保険者については要介護者等に交付されます。

被保険者証には、要介護度や認定の有効期間、認定審査会の意見などの認定結果などが記載されています。なお、被保険者が資格を喪失したときは、すみやかに被保険者証を返還しなければなりません。

第五章　介護保険の財政

介護保険制度は、財政面からみると、国民の共同連帯の理念にもとづいて、ふえつづける介護費用の財源を確保しようとするものです。

介護保険の費用は、利用者負担をのぞいた分を、公費（税金）と保険料で半分づつ負担します。

一　公費負担

公費は、国、都道府県および市町村がそれぞれ次の割合で負担しあいます。

◇　国負担…二〇パーセント　調整交付金…（五パーセント）

《保険財源のしくみ》

保険料　50%		公　費　50%		
第１号被保険者	第２号被保険者	国	都道府県	市町村
17%	33%	25%	12.5%	12.5%

◇　都道府県負担…一二・五パーセント
◇　市町村負担　…一二・五パーセント
このうち国の調整交付金は、次のような場合に、市町村間に高齢者の保険料負担に格差が生じないように全国的な調整をおこなうための財源にあてられます。
①　後期高齢者比率の格差
②　第一号被保険者の所得水準の格差
③　災害時の保険料減免等特殊な場合
したがって、後期高齢者比率がひくかったり、第一号被保険者の所得水準が高い市町村には、調整交付金が満額（五パーセント）交付されません。

【課題】

全国平均にくらべて、後期高齢者の比率がひくかったり、第一号被保険者の所得の高い市町村については、国の負担は二五パーセントを下まわることになり、その下まわった分は当該市町村の第一号被保険者が負担することになります。国の二五パーセント負担は、全市町村に保障すべきで、調整交付金については、国において別途の措置を講ずべきです。
ただし、この場合には法改正が必要です。

二　保険料

1　保険料のきめ方

保険料のきめ方は、第一号被保険者と第二号被保険者とでは異なります。

◆第一号被保険者の場合（一号保険料）

一号保険料は、政令でさだめる基準にしたがって市町村の条例にさだめられた保険料率により算定されますが、三年ごとにきめられます（中期財政運営）。

保険料は、所得に応じて、次のように基本的には五段階になりますが、六段階にして高額所得者にはより高い負担割合を、また低所得者にはよりひくい負担割合をもうけることもできます。

なお、保険料は、サービスの水準によって市町村間に格差がでますが、施行時の保険料基準月額は三千円前後が大勢となっています。

なお、第一号被保険者については、法定給付に要する費用にあてる保険料以外に、次のような経費の財源にあてるための上乗せの保険料があります。

① 財政安定化基金（保険料の収入不足の市町村に交付金の交付等をおこなうために都道府県に設置）への拠出金等の経費、

② 市町村独自の保険給付の上乗せ（支給限度額の上乗せ）の経費

③ 市町村独自の保険給付の横出し（市町村特別給付）の経費

④ 保健福祉事業の経費

このうち、①は義務的経費ですが、②から④の経費は市町村の判断によって事業を実施した場合に上乗せされます。

《保険料の特別対策》

介護保険制度の円滑な導入のために、一号保険料については特別対策がとられています。平成一二年四月から九月までの半年間は、保険料を徴収しません。その後一〇月から平成一三年九月までの一年間は保険料が半額になります。

保険料が減額された分は国が負担します。

段階区分	対象者	計算例
第１段階 (基準額×0.5)	生活保護被保護者または老齢福祉年金受給者で市町村民税世帯非課税者	3,000円×12月×0.5　＝18,000円
第２段階 (基準額×0.75)	市町村民税世帯非課税者	3,000円×12月×0.75　＝27,000円
第３段階 （基準額）	市町村民税本人非課税者	3,000円×12月　＝36,000円
第４段階 (基準額×1.25)	市町村民税本人課税で合計所得金額が250万円未満の者	3,000円×12月×1.25　＝45,000円
第５段階 (基準額×1.5)	市町村民税本人課税で合計所得金額が250万円以上の者	3,000円×12月×1.5　＝54,000円

なお、介護保険導入の直前での特別対策については、つよい批判がありました。

【課題】

法定給付は、高齢者施策の一部です。高齢者が安心して老後生活をおくるためには、法定給付の上乗せ・横だしだけでなく、関連する一般施策をとり込んだ総合的な施策の展開がもとめられます。ここでも、自治体の政策判断が問われることになります。

◆第二被保険者の場合（二号保険料）

① 健康保険や共済組合に加入している者の保険料は、給料の額に応じてきまり、保険料の半額は事業主が負担します。

② 国民健康保険に加入している者の保険料は、所得や資産に応じてきまります（保険料をきめる際に、半分を国が負担します）。

2 保険料の納め方

保険料の納め方も、第一号被保険者と第二号被保険者とでは異なります。

◆第一号被保険者の場合

次のいずれかの方法で保険料を納めます。

① 年金額が一定額（年額一八万円）以上の者については、年金保険者が年金を支払う際に年金から徴収（天引き）し、徴収額を市町村に納入します。これを特別徴収といいますが、第一号被保険者の八割程度がこれに該当します。

② ①以外の者（無年金者、低年金者など）については、市町村から被保険者に直接納入通知書が送付されますので、これにもとづいて保険料を納付します。これを普通徴収といい、第一号被保険者の二割程度が該当します。

◆第二号被保険者の場合

医療保険者が医療保険料（税）の一部として徴収し、それを社会保険診療報酬支払基金に介護給付費納付金として納付し、支払基金はこの納付金を財源として、市町村介護保険特別会計に介護給付費交付金として交付します。

図示すると、下のようになります。

3 保険料の減免と徴収猶予

市町村は、条例でさだめるところにより、特別の理由がある者にたいし、保険料を減額・免除またはその徴収を猶予することができます。

「特別の理由」とは、第一号被保険者について次のような状況が発生した場合をいいま

第2号被保険者 → 医療保険者 → 社会保険診療報酬支払基金 → 市町村

↑医療保険料・税　↑介護給付費納付金　↑介護給付費交付金

す。

① 被保険者または主たる生計維持者が、震災等の災害により、住宅、家財その他の財産についていちじるしい損害をうけたとき。

② 主たる生計維持者が、死亡または心身に重大な障害をうけ、もしくは長期間入院したことにより、収入がいちじるしく減少したとき。

③ 主たる生計維持者の収入が、事業・業務の休廃止、失業等によりいちじるしく減少したとき。

④ 主たる生計維持者の収入が、干ばつ、冷害等による農作物の不作、不漁その他これに類する理由によりいちじるしく減少したとき。

【課題】

一般的な生活困窮を理由として保険料の減免をおこなうことは、共同連帯の理念にもとづき、介護保険事業に要する費用を公平に負担する制度の趣旨から不適切であるとされていますが、現実に保険料の負担が困難な被保険者にどのような対応するのか市町村の判断がもとめられています。

4　保険料の滞納

保険料を滞納しますと、次のような措置がとられます。

①　督促……………一定の期間をきめて、納付の督促をします。

②　滞納処分………督促しても、自主的納付がない場合には、被保険者の財産を差し押さえ、これを換価して、その換価代金を保険料（税）にあてます。

③　ペナルティー…段階的に次のようなペナルティーが課せられます。

ア　一年間滞納した場合は、利用者は介護サービスの費用をいったん全額負担します（「償還払い」に変更）。保険証には、支払い方法変更の記載がされます。

イ　一年半滞納した場合は、保険給付が一時的に差しとめられます。さらに滞納がつづく場合には、差しとめられた保険給付額から滞納分にあてることがあります（相殺）。

ウ　滞納していた者が新たにサービスを利用するときは、保険料未納期間に応じて利用者負担が三割に引きあげられたり、高額サービス費がうけられなくなります。

三　利用者負担

1　利用者負担の内容

介護保険の対象となるサービスに要した費用のうち、保険給付でまかなわれる部分以外は利用者が負担することになります。

この利用者負担は、原則としてサービスの種類ごとに定められた基準額の定率の一割負担（実際の費用が基準額を下まわった場合はその一割）で、サービスの利用に応じた応益負担が原則となっています。ただし、居宅サービス計画費用については、全額が保険給付でおこなわれ、利用者負担はありません。

食費については、介護保険施設の場合には、入所者が一定の標準負担額を支払い、残りの部分が保険給付の対象となりますが、居宅サービスのうち利用者が通所または短期入所してうけるサービスでは、食材料費は保険給付の対象にならず、全額が利用者負担

※　**応益負担と応能負担**

応益負担は、社会保障や社会福祉費等の負担において、うけている利益の程度に応じてその費用を負担することをいい、これにたいして応能負担は、各人の支払い能力に応じて負担するやり方をいいます。応益負担では、支払い能力にかかわらず同一の負担がもとめられ、逆進性がつよいので、低所得者には保険料の減免措置がとられています。

となります。

また、日常生活費（理美容代、教養娯楽費等の日常生活でも通常必要となる費用で利用者負担が適当なもの）については、保険給付の対象とならず全額が利用者負担となりますが、おむつ代については施設サービスおよび居宅サービスのうち短期入所サービスでは保険給付の対象になっています。

利用者負担は、サービスを利用する者と利用しない者との間の公平性を確保すること、サービス利用者に費用（コスト）意識を喚起することにより費用の効率化をはかること等の考え方にもとづくものです。

※利用者負担の医療費控除
訪問看護、訪問・通所リハビリ、居宅療養管理指導などの療養上の世話にかかる居宅サービスや介護老人保健施設、などの施設サービスの利用者負担については、医療費控除の対象になります。

2　利用者負担の支払方法

事業者・施設は、現物給付、償還払いを問わず、利用者から利用者負担の支払いをうけることができますが、支払いをうける際には一定の事項を記載した領収書を交付しなければなりません。

領収書には一割負担の額、食費の標準負担額その他の費用を区分して記載し、その他の費用については、さらに個別に区分して記載することになっています。

3　低所得者等への配慮

利用者負担については、家計への影響に配慮して、定率一割の利用者負担がいちじるしく高額になった場合には、利用者負担が一定額を上まわらないよう負担の軽減をはかるために、高額サービス費が支給されます。

利用者負担の上限額の設定にあたっては、低所得者についてひくい額にするなどの配慮がされています。

また、施設入所の場合の食事にかかる標準負担額についても、低所得者にはひくい額が設定されるよう配慮されています。具体的には、低所得者以外の者については一日七百六十円ですが、市町村民税世帯非課税者については一日五百円、老齢福祉年金受給者等については一日三百円とされています。

さらに、介護保険制度施行日の特別養護老人ホーム入所者については、経過措置として、利用者負担（一割定率負担および食費の標準負担額）について、負担能力に応じた減免措置が講じられています。

4　一割定率負担の特例

市町村は、災害等省令でさだめる特別の事情があり、一割の利用者負担の支払いが困難と認められる被保険者について、保険給付の割合を最大で一〇〇分の一〇〇まで引き上げることができます。

省令でさだめる「特別の事情」は次のとおりです。

① 利用者または主たる生計維持者が、震災等の災害により住宅、家財その他の財産についていちじるしい損害をうけたこと

② 主たる生計維持者が、死亡または心身に重大な障害をうけ、もしくは長期間入院することにより、収入が著しく減少したこと

③ 主たる生計維持者の収入が、事業業務の休廃止、失業等によりいちじるしく減少したこと

④ 主たる生計維持者の収入が、干ばつ等による農作物の不作、不漁その他これに類する理由によりいちじるしく減少したこと

5 特別対策

介護保険制度の円滑な実施のために、次のような特別対策がとられています。

① ホームヘルプサービス利用者にたいする経過措置

介護保険法施行時にホームヘルプサービスを利用し（おおむね施行前一年の間に派遣実績があること）、かつ、生計中心者が所得税非課税者（生活保護受給者をふくむ）である高齢者を対象に、平成一二年度から当面三年間は、利用者負担一〇パーセントが三パーセントに減額されます。

② 障害者ホームヘルプサービス利用者にたいする支援措置

第一号被保険者になるおおむね過去一年の間にホームヘルプサービスの派遣実績があり（特定疾病による第二号被保険者については派遣実績を問わない）、かつ、生計中心者が所得税非課税者（生活保護受給者をふくむ）の障害者を対象に、平成一二年度から平成一六年度まで、利用者負担一〇パーセントが三パーセントに減額されます。

③ 社会福祉法人等における利用者負担の減免等

社会福祉法人等が低所得者でとくに生計が困難である者にたいし、介護保険の対象となるサービスの提供をおこない、利用者負担を減免した場合には、市町村が所要の支援をおこなうことができることになっています。

四　財政調整

介護保険の財源を安定的に確保するために、次のような財政調整の仕組みがあります。

1　財政安定化基金

都道府県は、介護保険の財政の安定化に資する費用にあてるため、財政安定化基金をもうけて、市町村にたいして次のような事業をおこなっています。

基金の財源は、市町村（一号保険料を財源）、都道府県および国がそれぞれ三分の一ずつ負担します。

① 保険料収納率の悪化による収納不足額の二分の一の交付金の交付
② 見込みを上まわる給付費の増大等のために必要な資金の貸付け

※　基金

基金は、自治体が条例のさだめるところにより、特定の目的のために、財産を維持し、資金を積み立て、または運用するためにもうけるものです。

介護保険関係の基金として、市町村に高額サービス費等貸付基金、介護保険給付準備基金、介護保険円滑導入基金などがあります。

2　市町村相互財政安定化事業

小規模な市町村の財政運営を安定化させ、また複数市町村の保険料水準の均衡をたもつために、複数の市町村間で相互の財政の調整をおこなう事業として、相互財政安定化事業があります。

この事業では、複数の市町村間で、複数市町村における介護給付等の総額と収入の総額とが均衡するような調整保険料率を設定し、当該料率にもとづいて保険財政の調整をおこないます。

五　都道府県・国の財政支援

介護保険事業を実施・運営するために要する事務費については、基本的には市町村の一般財源でまかなうこととされていますが、国は要介護認定等に要する費用の二分の一相当額について市町村に交付金を交付することになっています。

また、都道府県および国は、法定の義務的負担以外に介護保険事業に要する費用の一部を補助することができることになっています。

【課題】

介護保険制度の実施のために、コンピュータシステムの開発・運用や職員の人件費等に膨大な経費がかかります。国は、介護保険事業に支障をきたさないように実態にそくした交付金の算定をおこなうべきです。

また、義務的負担以外の費用、とくに介護基盤の整備に要する費用については、十分な財源補填をおこなう必要があります。

第六章　保険給付

一　保険事故

一般に、人の死亡や火災など、保険者が被保険者にたいして保険金支払い等の保険給付をおこなうことの原因となるべき事故のことを保険事故といいますが、介護保険制度では、「要介護状態」または「要介護状態となるおそれがある状態」（要支援状態）を保険事故として保険給付をおこないます。

1　要介護状態

要介護状態とは、身体上または精神上の障害があるために、入浴、排せつ、食事等の

※　保険制度

疾病や火災などの発生は、個々にみれば偶発的で予測不可能にみえますが、多数のものについて観察すると実際に発生する率は平均的にほぼ一定していることがわかり、これを「大数の法則」と呼んでいます。また、過去の経験や実績等を統計的にみれば、実際の結果に近い事故発生の確率が予測でき、その事故に対処するために必要な資金も予測できます。

この予測される資金の額を同じ危険にさらされる多数の者に公正に分担させ、その拠出されたものを積み立て、現実に事故が発生した場合に、この積み立て金から事故の救済をおこなう仕組みが保険制度です。

日常生活における基本的な動作の全部または一部について、一定期間（六か月間）にわたり継続して、常時介護を要すると見込まれる状態をいいます。

要介護状態にある者を「要介護者」といいます。

2　要支援状態

要支援状態とは、日常生活能力は基本的にあるが、身体上または精神上の障害があるために、一定期間（六か月間）にわたり継続して、日常生活を営むのに支障があると見込まれる状態であって、常時の介護までは必要ないが、家事や着替え等、日常生活に支援が必要な状態をいいます。

要支援状態にある者を「要支援者」といいます。

なお、第二号被保険者の保険給付については、上記の状態になった原因が加齢にともなって生ずる心身の変化に起因する疾病（特定疾病）によって生じたものに限ぎられます。

特定疾病としては、次のような一五種類がきめられています
①筋萎縮性側索硬化症、②後縦靱帯骨化症、③骨折を伴う骨粗しょう症、④シャイ・ドレーガー症候群、⑤初老期における痴呆、⑥脊髄小脳変性症、⑦脊柱管狭窄症、⑧早老症⑨糖尿病性神経障害・糖尿病性腎症状及び糖尿病性網膜症、⑩脳血管疾患、⑪パーキンソン病、⑫閉塞性動脈硬化症、⑬慢性関節リウマチ、⑭慢性閉塞性肺疾患、⑮両側の膝関節又は股関節に著しい変形を伴う変形性関節症

二　要介護・要支援認定

介護保険では医療保険とはちがって、被保険者証をサービス事業者等に提示しただけではサービスをうけることができません。原則としてサービスをうける前に、介護が必要な状態にあるのかどうか、どの程度の介護が必要なのかの認定を市町村でうけなければなりません。

1　要介護認定・要支援認定の意義

市町村は、被保険者が保険給付をうける要件を満たしているかどうかを確認するために、厚生大臣がさだめる全国一律の基準を用いて、要介護認定または要支援認定をおこないます。

この認定では、申請者の要介護状態または要支援状態の有無および要介護の場合には介護の必要度（要介護度）もあわせて確認します。

要介護認定または要支援認定の効力は、その申請があった日にさかのぼって生じます。

※　保険給付（現金給付と現物給付）

あらかじめ定められた基準にもとづき保険事故が発生した場合に、保険者が被保険者に支給する給付のことです。社会保険の給付形態には現金給付と現物給付があり、現金給付は直接現金で支払う方法で、現物給付は医療保険における医療サービスのように現物の形で支給するものをいいます。

原則として、あらかじめ認定をうけることが保険給付の前提になりますが、緊急の場合にはサービスを先にうけて、事後に認定をうけることもできます。

要介護度に応じて、在宅サービスの場合には支給限度額、施設サービスの場合には保険給付の額がきめられています。

2　認定手続

認定は次のような手順でおこなわれます。

被保険者からの市町村への申請　↓　市町村の訪問調査および主治医意見書の取りよせ　↓　介護認定審査会の審査・判定　↓　市町村の決定（認定）↓　市町村から被保険者への認定結果の通知

①　認定の申請

認定をうけようする者は、申請書に被保険者証をつけて市町村に申請します。この申請手続は、指定された事業者（指定居宅介護支援事業者＝ケアプラン作成機関）や介護保険施設に代行させることがで

《要介護・要支援状態の目安》

要介護度	状態の目安
要支援	日常生活を送る基本的な能力はあるが、風呂の出入りなどに一部介助が必要な水準
要介護1	立ち上がりや歩行に不安定がみられることがおおく、衣服の着替え、掃除などの一部に毎日１回の介助が必要な水準
要介護2	立ち上がりや歩行など自力ではできない場合がおおく、食事、排せつ、入浴などの一部または全部に毎日1回の介助が必要な水準
要介護3	立ち上がりや歩行など自力ではできず、排せつ、入浴、衣服の着替えなどの全部に毎日２回の介助が必要な水準
要介護4	日常生活を送る能力はかなり低下しており、排せつ、入浴などの全部と食事摂取の一部に１日２～３回の介助が必要な水準
要介護5	日常生活を送る能力は著しく低下しており、生活全般にわたって、全面的または部分的な介助が１日３～４回必要な水準

きます。

認定の申請があれば、三〇日以内に認定がおこなわれますが、認定の効力は申請の時にさかのぼります。市町村が、特別の理由で三〇日以内に認定できない場合には、被保険者に認定に要する期間および理由を通知することになっています。

② 訪問調査および主治医の意見書

申請があったときは、市町村の職員または市町村の委託先の職員が自宅を訪問し、本人に面接をして、その心身の状況や置かれている環境などについて調査します。調査員には秘密を守る義務があり、違反すれば罰則が適用されます。

市町村は、申請があったときには、かならず主治医から身体・精神上の障害の原因である疾病や負傷の状況等について意見（意見書）をもとめます。主治医がいないときや意見をもとめることがむずかしいときには、市町村が指定する医師または市町村の職員である医師の診断をうけることになります。

③ 審査・判定

判定では、まず訪問調査員の記入した調査票の基本調査項目をコンピュータに入力して、介護の必要の有無および必要の程度をだします（第一次判定）。

この第一次判定の結果、訪問調査票の特記事項および主治医の意見書が専門的第三者機関である介護認定審査会に通知され、介護認定審査会はこれをもとに審査・判定をおこないます（第二次判定）。

介護認定審査会は、審査・判定をするにあたって必要があると認めるときは、本人、家族、主治医その他の関係者の意見をきくことができます。

介護認定審査会は市町村が設置し、審査会委員は保健・医療・福祉にかんする学識経験者のなかから市町村長が任命します。

介護認定審査会は、事務を迅速にすすめるため、おおむね五人の委員で構成される合議体にわかれて、審査・判定の案件をとりあつかいます。

《審査判定事項》

ア　要介護状態または要支援状態に該当するか否か（該当または非該当）

イ　要介護状態区分のどこに該当するか（要介護度）

ウ　第二号被保険者については特定疾病によるものか否か

介護認定審査会は、審査判定の結果を市町村に通知しますが、その際に次のような意見をつけることができます。

ア　要介護状態の軽減または悪化の防止のために必要な療養にかんすること

イ　サービスの適切・有効な利用等にかんし留意すべきこと

④　**認定**（**決定**）

市町村は、介護認定審査会の審査判定の結果にもとづいて、認定をおこない、申請のあった被保険者に通知をします。通知にあたっては、被保険者証に要介護度または要支援者に該当する旨および審査会の意見が記載されます。

市町村は、認定審査会の審査・判定の結果にもとづいて要介護者または要支援者に該当しないと認めたときは、理由をつけて、その旨を申請のあった被保険者に通知し、被保険者証をかえします。

認定には有効期間がもうけられ、定期的に見直しがおこなわれます。有効期間は、原則として六か月とされています。要介護または要支援の認定をうけた者が有効期間終了後も引きつづきサービスを利用するためには、初回の認定手続きに準じた認定の更新の申請をする必要があります。

また、有効期間中に要介護度の変化があれば、被保険者の申請または市町村の職権により、要介護度の変更の認定をおこない、要介護者または要支援者に該当しなくなったときには認定がとり消されます。

要介護者等が住所を移転した場合には、前市町村の審査判定の結果にもとづいて、認定をうけられます。この場合には、前市町村から認定事項の証明書の交付をうけ、その書面をそえて移転先の市町村に認定の申請をおこないます。

認定の内容に不服がある者は、都道府県に設置されている介護保険審査会に不服の申し立て（審査請求）をすることができます。

【課題】

保険給付の可否や程度をきめる認定については、被保険者に納得のできる公平・公正さがもとめられます。認定調査員の調査内容、コンピュータによる一次判定内容（ソフト）、介護認定審査会の審査判定結果等については、被保険者に責任ある説明のもてるものでなければなりません。

認定をめぐる被保険者の苦情や不服については、市町村窓口での適切な対応が問われます。

三　保険給付の内容

要介護または要支援の認定をうけた者は、どのような内容のサービスが利用できるのでしょうか。おおきく分けて居宅（在宅）サービスと施設サービスとになります。

1　居宅サービス

居宅サービスは、利用者が居宅で生活をつづけながらうけるサービスで、次のような一二種類があります。

① **訪問介護**

訪問介護員（ホームヘルパー）が、利用者の家庭を訪問して、食事、排せつ、入浴等の介護や食事の支度、掃除、洗濯等の家事援助をおこないます。

② **訪問入浴介護**

サービス事業者が、巡回入浴車で利用者の家庭を訪問して、入浴の介助をおこないます。

③ **訪問看護**

保健婦や看護婦が、利用者の家庭を訪問して、療養上の世話または必要な診療の補助をおこないます。

④ **訪問リハビリテーション**

理学療法士や作業療法士などの専門職が、利用者の家庭を訪問して、心身の機能を維持回復させるための訓練をおこないます。

⑤ **居宅療養管理指導**

医師、歯科医師、薬剤師などが、利用者の家庭を訪問して、療養上の管理および指導をおこないます。

⑥ **通所介護（デイサービス）**

利用者をデイサービスセンター等に通わせて、入浴や食事の提供等の日常生活上の世話をおこないます。

⑦　**通所リハビリテーション**（デイケア）

利用者を老人保健施設や病院等に通わせて、理学療法士など専門職によって心身の機能を維持回復させるための訓練をおこないます。

⑧　**短期入所生活介護**（ショートステイ）

利用者を特別養護老人ホーム等の福祉施設に短期間入所させて、食事、排せつ、入浴等の介助その他日常生活上の世話および機能訓練をおこないます。

⑨　**短期入所療養介護**（ショートステイ）

利用者を老人保健施設や医療施設等に短期間入所させて、看護、医学的管理の下における介護、機能訓練その他必要な医療ならびに日常生活上の世話をおこないます。

⑩　**痴呆対応型共同生活介護**（痴呆性高齢者グループホーム）

痴呆の状態にある者が少人数で共同生活を営みながら、その住居において食事、排せつ、入浴等の介護その他必要な日常生活上の世話や機能訓練をうけます。

⑪　**特定施設入所者生活介護**

有料老人ホームやケアハウス等に入所している利用者にたいして、食事、排せつ、入浴等の介護その他日常生活上の世話、機能訓練および療養上の世話をおこないます。

⑫　**福祉用具貸与**

次のような福祉用具を貸与します。

●特殊寝台および付属品　●じょくそう予防用具　●車いすおよび付属品　●スロープ

●移動用リフト　●体位変換器　●歩行補助杖　●歩行器　●手すり　●痴呆性老人徘徊感知機器

2　施設サービス（介護保険施設）

施設サービスは、長期にわたって施設に入所してうけるサービスで、次の三種類があります。

①　介護福祉施設サービス

常時の介護が必要で、しかも家庭での生活が困難な要介護者を指定介護老人福祉施設（特別養護老人ホーム）に入所させて、食事、排せつ、入浴等の介護その他日常生活上の世話、機能訓練および療養上の世話をおこないます。

②　介護保健施設サービス

病状が安定し、入院・治療の必要のない要介護者を介護老人保健施設に一定期間入所させて、看護、医学的管理のもとに介護、機能訓練、その他必要な医療や日常生活上の世話をおこないます。

③　介護療養施設サービス

比較的長期にわたって療養を必要とする要介護者を指定介護療養型医療施設（療養型病床群等）に入院させて、療養上の管理、看護、医学的管理の下における介護その他日常生活上の世話および機能訓練その他必要な医療をおこないます。

3　その他のサービス

①　居宅介護福祉用具購入費の支給

次のような貸与になじまない特定福祉用具を購入した費用を支給します。

●腰掛便座　●特殊尿器　●入浴補助用具　●簡易浴槽　●移動用リフトのつり具の部分

②　居宅介護住宅改修費の支給

改修によって付加価値が生まれない次のような範囲の小規模な住宅改修に要した費用が支給されます。

●手すりの取り付け　●床段差の解消　●滑りの防止および移動の円滑化等のための床材の変更　●引き戸等への扉の取替え　●洋式便器等への便器の取替え　●以上の住宅改修に付帯して必要となる住宅改修

③　居宅サービス計画の作成

介護支援専門員（ケアマネージャー）が利用者の依頼をうけて、居宅でのサービスが適切に利用できるよう、利用者の心身の状況、置かれている環境、本人および家族の希望等を勘案して、利用するサービスの種類、内容、担当者等をさだめた計画（居宅サービス計画＝ケアプラン）を作成します。

四　保険給付の種類

要介護または要支援の認定をうけた者には、保険給付がおこなわれます。

介護保険法では、利用者と事業者・施設間の契約によるサービス利用がおこなわれることから、利用者が事業者・施設に費用を支払った場合に利用者にたいして保険給付をおこなうという仕組み（償還払い方式）をとっています。

しかし、実際には利用者の利便等を考慮して、本来であれば市町村から利用者に支払われるべき金額を利用者に代えて事業者・施設にたいして支払うこと（代理受領方式）によって、医療保険と同様に原則として現物給付化されています。

この代理受領方式により、利用者は、サービス利用時に一割の利用者負担をすればよく、残りの九割の費用は事業者・施設が保険者である市町村（実際には市町村から委託をうけた国民健康保険団体連合会）に請求することになります。

居宅サービスについて、代理受領方式をとるためには次のような要件をみたしていなければなりません。

①　指定居宅サービス（居宅療養管理指導、痴呆対応型共同生活介護および特定施

※　現物給付と償還払い

保険給付の方式には、現物給付と償還払いの二つがあります。

現物給付の方式では、利用者はサービス利用時に一定の利用者負担を支払うだけでサービスを利用でき、残りの費用については保険からサービス提供の事業者・施設に支払われます。

償還払いの方式では、利用者はサービス利用時にかかった費用の全額を事業者・施設に支払い、後に保険者から利用者負担分をのぞいた費用の払い戻しをうけます。

設入所者生活介護をのぞく）をうける場合にあっては、あらかじめ居宅介護支援をうけることについて市町村に届け出をしかつ当該居宅サービスが居宅サービス計画の対象となっていること、または自ら居宅サービス計画を作成して市町村に届けをしていること。

② 特定施設入所者生活介護（有料老人ホームをのぞく）をうける場合にあっては、入所者に代わり代理受領することについて利用者の同意をえた旨およびその者の氏名等が記載された書類を提出していること。

基準該当サービスについては、原則として償還払いのあつかいとなりますが、継続的に基準該当サービスを利用する場合などには、市町村ごとに手続をさだめて現物給付化できることになっています。

保険給付には、介護給付、予防給付および市町村特別給付の三種類があります。

1 介護給付

介護給付は、被保険者の要介護状態にかんする法定の給付で、次のように八種類に細分されます。

① 居宅介護サービス費の支給

要介護者が、都道府県知事の指定をうけた指定居宅サービス事業者から次のような一二種類の居宅サービスをうけた場合に給付されます。

●訪問介護　●訪問入浴介護　●訪問看護　●訪問リハビリテーション●通所介護●通所リハビリテーション　●福祉用具貸与　●居宅療養管理指導　●短期入所生活介護　●短期入所療養介護　●痴呆対応型共同生活介護　●特定施設入所者生活介護

② 特例居宅介護サービス費の支給

緊急その他やむをえない理由により認定前にサービスを利用したり、指定居宅サービス以外のサービスを利用するなどした場合で、市町村が必要と認めたときに支給されます。

③ 居宅介護福祉用具購入費の支給

腰掛便座、特殊尿器等の特定福祉用具の購入費が支給されます。

④ 居宅介護住宅改修費の支給

手すりの取付、床段差の解消等の住宅改修費が支給されます。

⑤ 居宅介護サービス計画費の支給

指定居宅支援事業者から介護サービス計画の作成等の支援をうけた場合の費用が支給されます。

⑥ 特例居宅介護サービス計画費の支給

指定居宅介護支援以外の居宅介護支援をうけた場合などで、市町村が必要であると認めたときに支給されます。

《サービス費用（介護報酬）の例》（標準地域）

・訪問介護（身体介護中心）4,020円（30分以上１時間未満）
・訪問入浴介護　12,500円（１回につき）
・訪問看護（訪問看護ステーション）4,250円（30分未満）
・通所介護（要支援）　4,000円（４時間以上６時間未満・併設型施設）
・通所リハビリテーション（要介護３～５）7,890円（４時間以上６時間未満・介護老人保健施設）
・短期入所生活介護（要介護５）　11,200円（１日につき・介護老人福祉施設）

⑦　**施設介護サービス費の支給**

次の三つの施設でサービスを利用した場合に支給されます。

●指定介護老人福祉施設　●介護老人保健施設　●指定介護療養型医療施設

⑧　**特例施設介護サービス費の支給**

緊急その他やむをえない理由により、認定前に施設サービスを利用した場合で市町村が必要と認めたときに支給されます。

⑨　**高額介護サービス費の支給**

定率一割の利用者負担がいちじるしく高額となった場合に、当該負担が一定額を上まわらないよう負担軽減をはかるために支給されます。所得に応じて、上限額が定められており、これをこえた分が高額サービス費として支給されます。

なお、この上限額は月額で、同じ世帯に複数の利用者がいる場合は、合計額が対象になります。

以上の保険給付のうち、①⑤⑦については現物給付でおこなわれますが、それ以外は償還払いとなります。

なお、⑤⑥の給付については、利用者負担はなく、全額が保険給付となります。

２　**予防給付**

《利用者負担上限額》

◇一般世帯	37,200円
◇世帯全員が市町村民税非課税	24,600円
◇生活保護受給者 または市町村民税世帯非課税で老齢福祉年金受給者	15,000円

予防給付は、被保険者の要介護状態となるおそれがある状態（要支援状態）にかんする法定の給付で、次のように七種類に細分されます。それぞれの給付内容は、介護給付に準じますが、施設サービスおよび指定居宅サービスのうち痴呆対応型共同生活介護については予防給付はおこなわれません。

①　居宅支援サービスの支給
②　特例居宅支援サービス費の支給
③　居宅支援福祉用具購入費の支給
④　居宅支援住宅改修費の支給
⑤　居宅支援サービス計画費の支給
⑥　特例居宅支援サービス計画費の支給
⑦　高額居宅支援サービス費の支給

3　市町村特別給付

市町村特別給付は、介護給付・予防給付以外で要介護状態の軽減・悪化の防止または要介護状態となることの予防に資する保険給付であって、それぞれの市町村が条例で独自にさだめます。種類としては、例えば寝具乾燥サービス費、移送サービス費、配食サービス費等が考えられます。この場合の財源は基本的には一号保険料でまかうこととされています。

【課題】

市町村特別給付の財源は基本的に一号保険料でまかなわれることから、全国的に導入は消極的になっています。例示のサービスは従来から実施されているものであり、一般財源からの繰入れや一般施策として継続するなどの工夫がされています。法定の介護給付と予防給付だけでは、社会的な支援を必要とする高齢者の生活を支えきることはできません。

市町村の独自施策の展開がのぞまれます。

五　支給限度基準額

要介護者や要支援者が、無制限に居宅サービスを利用できるとすると、限られた介護サービスの利用が一部の者にかたよりかねません。これでは、保険料と公費を財源に運営される公的制度のもとでは不公平なものとなります。

そこで、居宅でうける保険給付については、要介護度ごとに標準的に利用されることが想定されるサービス例を設定し、それらをもとに支給限度額をもうけ、保険給付は当該支給限度額の範囲内で利用されたサービスについておこなうという仕組みがとられています。

支給限度額をこえるサービス利用については、その費用は全額利用者負担になることを前提に、利用者の選択にゆだねられています。すなわち、介護保険の給付対象になるサービスと自己負担による介護保険対象外の民間サービスとを自由にくみ合わせることもできる仕組みになっています。

1　区分支給限度基準額（居宅介護サービス費区分支給限度基準額）

居宅サービスについては、各サービス相互の代替性の有無等を勘案して、いくつかのサービス種類を一つの区分としてまとめ（居宅サービス区分）、そのサービス区分ごとに居宅サービス費と特例居宅サービス費の合計額について、支給限度基準額（区分支給限度額）がもうけられています。

その限度基準額は、要介護状態区分に応じた標準的なサービス例や介護報酬の額等が勘案されきめられます。区分支給限度基準額の範囲内であれば、基本的に利用者が自由に居宅サービスの種類をくみ合わせることができます。

居宅サービス区分は、訪問通所サービス区分と短期入所サービス区分の二区分にわかれています。

①　訪問通所サービス区分

※支給限度額の一本化
訪問通所サービス区分と短期入所サービス区分は、二〇〇二年一月から一区分に改正されます。

これにともなって、次期拡大措置も廃止されます。

訪問介護、訪問入浴介護、訪問看護、訪問リハビリテーション、通所介護、通所リハビリテーションおよび福祉用具貸与

② **短期入所サービス区分**

短期入所生活介護および短期入所療養介護

なお、限度額の管理期間は、次のようにさだめられています。

① **訪問通所サービス区分**

要介護認定有効期間にかかる日が属する月について、それぞれ当該月の初日から一月間

② **短期入所サービス区分**

要介護認定の効力を生じた日の属する月の初日からの六月間

なお、一部の居宅サービス（居宅療養管理指導、痴呆対応型共同生活介護、特定施設入所者生活介護）、居宅介護支援および施設サービスについては、代替性がないこと等から支給限度基準額がもうけられていません。これらのサービスは、介護報酬の算定方法により、支給されます。

2　種類支給限度基準額（居宅介護サービス費種類支給限度基準額）

市町村は、区分支給限度額の範囲内において、条例で、地域のサービス基盤の整備状況に応じて、個別の種類のサービスの支給限度基準額をさだめることができます。

この種類支給限度基準額は、訪問通所サービス区分についてもうけることができます。

3　居宅介護（支援）福祉用具購入費支給限度基準額

福祉用具購入費の支給については、省令でさだめる月を単位とした期間（毎年四月一日からの一二月間）における福祉用具の購入に通常要する費用を勘案して居宅介護（支援）福祉用具購入支給限度基準額がさだめられます。

◎　居宅介護（支援）福祉用具支給限度基準額　　年額一〇万円

4　居宅介護（支援）住宅改修費支給限度基準額

住宅改修費の支給については、住宅改修の種類ごとに通常要する費用を勘案して居宅介護（支援）住宅改修費支給限度額をさだめます。

◎　居宅介護（支援）住宅改修費支給限度基準額　二〇万円（一住居につき）

《居宅介護（支援）サービス区分支給限度基準額》（標準地域）

要介護状態区分	訪問通所サービス区分 （1か月の支給限度基準額）	短期入所サービス区分 （6月間の利用日数）
要支援	6万1,500円	7日
要介護1	16万5,800円	14日
要介護2	19万4,800円	14日
要介護3	26万7,500円	21日
要介護4	30万6,000円	21日
要介護5	35万8,300円	42日

《サービス利用のめやす》

要介護状態区分	利用できるサービスのめやす
要支援	・週2回の通所介護または通所リハビリテーション
要介護1	・毎日何らかのサービス
要介護2	・週3回の通所介護または通所リハビリテーションを含む毎日の何らかのサービス
要介護3	・夜間（または早朝）の巡回訪問介護をふくめ、1日2回のサービス ・医療の必要性の高い場合に、週3回の訪問看護 ・痴呆の場合、週4回の通所介護または通所リハビリテーションをふくめた毎日のサービス
要介護4	・夜間（または早朝）の巡回訪問介護をふくめた1日2～3回のサービス ・医療の必要性の高い場合に、週3回の訪問看護 ・痴呆の場合、週5回の通所介護または通所リハビリテーションをふくめた毎日のサービス
要介護5	・早朝と夜間の巡回訪問介護をふくめた1日3～4回のサービス ・医療の必要性の高い場合に、週3回の訪問看護

5　支給限度額の上乗せ

市町村は条例でさだめることによって、区分支給限度基準額、福祉用具購入費支給限度基準額および住宅改修費支給限度基準額について、支給限度基準額を上まわる額を、当該市町村の支給限度基準額とすることができます。

その財源は、基本的に一号保険料でまかなわれますので、上乗せの可否および程度については一号保険料の水準、介護サービス基盤の整備状況等を総合的に考慮して判断する必要があります。

6　経過的な措置

市町村は条例で経過的に、居宅サービスについてサービスの必要量やサービス基盤の整備状況等を勘案して、区分支給限度基準額（法定居宅給付支給限度額）よりもひくい支給限度基準額（経過的居宅給付支給限度基準額）をさだめることができます。

経過的居宅給付支給限度基準額をさだめる市町村を「特定市町村」といいます。

これは、制度施行当初においては、サービス量が不足する市町村が想定されることからの経過的な措置で、制度施行日から五年を経過した以降の政令でさだめる日までの間の措置です。

なお、市町村がさだめる支給限度基準額の下限（法定居宅給付支給限度基準額の二分の一）が定められており、この下限を下まわって支給限度基準額をさだめることはできません。

六　次期拡大措置

短期入所サービスは、要介護度によって利用できる日数がきまっていますが、この利用限度日数では足りない利用者については、更新または変更の認定申請の際に次のような要件をみたす場合には、当該申請にかかる認定有効期間の短期入所の利用限度日数が拡大されます。

① 申請月の四か月前と三か月前のそれぞれの月において、訪問通所サービス利用実績が利用限度額の六割未満であること。

《拡大措置による短期入所利用限度日数》

要介護度	原則（6か月につき）	次期拡大措置（6か月につき）
要支援	7日	14日
要介護1、2	14日	28日
要介護3、4	21日	42日
要介護5	42日	63日

② 申請月の四か月前と三か月前のそれぞれの月において、特別養護老人ホーム、病院等に入所・入院（短期入所も含む）の日数が七日以下であること。

七 介護報酬

1 介護報酬の意義

介護報酬とは、保険給付の対象となる各種介護サービス費用の額の算定基準となるものです。介護報酬は、医療保険の診療報酬にあたるもので、事業者・施設が、サービスを提供した場合にサービスの対価として保険者である市町村や利用者に請求する費用の算定基準となります。

なお、サービスの提供に要した実際の費用が、介護報酬の額を下まわるときは、その実際に要した費用の額が請求できる額となります。

2 介護報酬の決め方

《介護報酬の例》（標準地域）

居宅サービスの種類	区　分	介護報酬	単位数
訪問介護 （30分以上1時間未満）	身体介護中心 家事援助中心 身体介護・家事援助同程度	4,020円 1,530円 2,780円	402 153 278
訪問入浴介護	1回につき	12,500円	1,250
訪問看護 （30分未満）	訪問看護ステーション 医療機関	4,250円 3,430円	425 343
訪問リハビリテーション	1日につき	5,500円	550
通所介護 （4時間以上6時間未満・併設型施設）	要支援 要介護1～2 要介護3～5	4,000円 4,730円 6,600円	400 473 660
通所リハビリテーション （4時間以上6時間未満・介護老人保健施設）	要支援 要介護1～2 要介護3～5	4,900円 5,750円 7,890円	490 575 789
居宅療養管理指導 （1月1回まで）	医師・歯科医師	9,400円	940
短期入所生活介護 （1日につき・介護老人福祉施設）	要支援 要介護5	9,140円 11,200円	914 1,120
短期入所療養介護 （1日につき・介護老人保健施設）	要支援 要介護5	9,940円 12,260円	994 1,226
痴呆対応型共同生活介護 （1日につき）	要介護1 要介護5	8,090円 8,740円	809 874
特定施設入所者生活介護 （1日につき）	要支援 要介護5	2,380円 8,180円	238 818

注：介護報酬＝単位数×10円

介護報酬の額は、介護サービスの種類ごとに事業所・施設の所在地域等を勘案して算定されるサービス提供に要する平均的な費用の額を勘案してさだめることとされています。

居宅サービスについては、個々のサービスの介護報酬とは別に要介護度に応じて支給限度額が設定されています。

福祉用具購入費および住宅改修費については、現に特定福祉用具に要した費用額または現に住宅改修に要した費用額をもとに支給額を算定することとされています。

施設サービスは、要介護度に応じて、包括的に介護報酬が設定されています。

3　介護報酬の内容

介護報酬の算定方法は、介護給付費単位数表で、各サービスや施設等に応じて単位数がさだめられ、その単位数に地域区分およびサービス種類ごとの割合を乗じて

《施設サービスの介護報酬》（標準地域）

要介護度	特別養護老人ホーム（人員配置　3：1、その他の地域）		老人保健施設（人員配置　3：1、その他の地域）		療養型医療施設（人員配置6：1、看護補助4：1その他の地域）	
	介護報酬額（月額）	1日当り単位	介護報酬額（月額）	1日当り単位	介護報酬額（月額）	1日当り単位
要介護1	24.2万円	796	26.8万円	880	34.2万円	1,126
要介護2	25.6万円	841	28.3万円	930	35.6万円	1,170
要介護3	26.9万円	885	29.8万円	980	36.9万円	1,213
要介護4	28.3万円	930	31.3万円	1,030	38.2万円	1,256
要介護5	29.6万円	974	32.9万円	1,080	39.5万円	1,299
平均（平均要介護度）	27.2万円（3.23）	—	29.6万円（2.85）	—	37.8万円（3.64）	—
食　費	5.8万円		5.8万円		6.4万円	

注：介護報酬額（月額）＝1日当り単位×10円×30.4日、千円未満四捨五入

算定します。

地域ごとの単位数単価は一単位一〇円を基本として、地域での人件費等に応じて、サービスの種類ごとに四つの地域区分（特別区、特甲地、甲地および乙地）で地域差をもうけ、都市部の介護報酬額を適正にきめる仕組みになっています。

なお、居宅療養管理指導、福祉用具貸与および居宅介護支援については、地域差の反映はおこなわれません。

【課題】

この介護報酬の額は、事業者・施設の経営に直接影響をおよぼしますので、経営が維持できる水準のものであって、サービスの量と質が十分に確保できるような算定方法であるべきです。とくにこれまで事業者・施設の実績を重視するとともに、実態にそくした地域差等をもうけるべきです。

◎**訪問介護の場合の地域差**

●特別区：7．2％増し　●特甲地：6％増し　●甲地：3．6％増し
●乙地：1．8％増し

◎**訪問介護の場合の単位数**（所要時間30分以上1時間未満）

ア　身体介護が中心である場合　　402単位
イ　家事援助が中心である場合　　153単位
ウ　身体介護および家事援助がそれぞれ同程度で行われる場合　278単位

訪問介護の場合（特甲地で身体介護が中心である場合）の算定例を示しておきます。
10円（1単位当たりの基本単価）
×1．06（地域区分・サービス種類ごとの割合）
×402単位（介護給付費単位数）
＝4，261．2円→4，261円

＊1円未満の端数は切り捨てて計算されます。

八　保険給付と関連制度との関係

介護保険の給付と他の法律にもとづく給付とで重複するものについては、給付にあたって調整がおこなわれます。

（1）災害補償関係各法の療養補償等との調整

労働者災害補償保険法による療養補償給付や療養給付等で補償的性格をもつ給付で、介護保険による給付に相当するものをうけることができるときには、介護保険による給付はおこなわれません。

（2）医療保険各法との関係

従来、医療保険制度から給付がおこなわれてきたもののうち、専ら要介護者を入院させる指定介護療養型医療施設の病床におけるサービス、介護老人保健施設におけるサービスおよび要介護者にたいする訪問看護等の在宅医療サービスの一部については、介護保険の給付に移行します。

介護保険と医療保険とで給付の重なるものについては、要介護者が給付をうけようとするときは、介護保険の給付が優先し、医療保険からは介護保険の給付に相当するものは給付されません。ただし、指定介護療養型医療施設の入所者が手術や歯の治療等の急性期治療をうけた場合には、医療保険から給付されることになります。

(3) 老人福祉法における福祉の措置との関係

従来、老人福祉法にもとづく措置により提供されていた訪問介護(ホームヘルプサービス)、通所介護(デイサービス)、短期入所生活介護(ショートステイ)および特別養護老人ホームの入所については、介護保険から給付されます。

ただし、例外として介護放棄など本人の心身の状況や家族関係等の事情から、そのまま放置した場合にサービスの利用が期待できない場合には、措置によるサービスが提供されます。この場合には、公費により財源がまかなわれ、利用者本人またはその扶養義務者から負担能力に応じた費用徴収がおこなわれます。

例外として措置によって提供されるサービスは、訪問介護、通所介護、短期入所生活介護、痴呆対応型共同生活介護および介護老人福祉施設の五つです。

(4) 生活保護法との関係

介護保険の被保険者である生活保護の被保護者にたいしては、介護保険を優先的に適用し、生活保護制度からは一号保険料については生活扶助により、また利用者負担相当部分については介護扶助により給付されます。

医療保険に加入していない四〇歳から六四歳までの被保護者は、介護保険の被保険者とはならず、必要な給付は介護扶助でおこなわれます。

(5) 精神保健及び精神障害者福祉法に関する法律等による公費負担医療との関係

精神保健及び精神障害者福祉に関する法律、身体障害者福祉法、原子爆弾被爆者に対する救護に関する法律(一般疾病医療費の支給のみ)等の公費負担医療の給付対象者にたいしては、介護保険の給付を優先し、公費負担医療の給付は介護保険における利用者負担の部分についておこなわれます。

(6) 障害者施策との関係

介護保険と障害者福祉施策で重なる在宅介護サービス(訪問介護、訪問入浴、通所介護・短期入所生活介護)については、介護保険の保険給付が優先し、原則として身体障害者福祉法等による在宅介護サービスは併給されません。

ただし、次のような場合には障害者施策によって必要なサービスの提供がおこなわれます。

① 訪問介護について、全身性障害者が一週間当たりの訪問通所サービスの区分支給限度基準額まで介護保険のサービスをうけ、かつ、そのおおむね五割以上介護保険の訪問介護を利用する場合

② 訪問介護について、聴覚障害者、視覚障害者、内部障害者および知的障害者の場合は、その障害特性を勘案し、市町村が社会生活の継続のために必要があると認める場合

③ 障害者デイサービス事業について、介護保険の通所介護の利用実績も勘案して、市町村が社会適応訓練等が必要であると認める場合等

④ 障害者ショートステイ事業について、介護保険の短期入所生活介護の利用実態も勘案して、市町村が必要と認める場合

なお、ガイドヘルプサービスや手話通訳事業等の障害者施策に固有のサービスで介護保険から給付されないものについては、障害者施策によりサービスが提供されます。

九　審査・支払い

保険給付が現物給付でおこなわれた場合には、事業者・施設は市町村から審査・支払いの委託うけた国民健康保険団体連合会にたいして、提供したサービス費用の請求をおこないます。

請求をうけた国民健康保険団体連合会は、請求内容について審査をおこない、その結果にもとづいて事業者・施設に費用の支払いをおこないます。また、事業者・施設への支払いに要する金額を保険者である市町村に請求します。

償還払いの場合には、市町村は利用者から提出された領収書等必要な書類によって、保険給付の対象サービスか否か、支給限度基準額の範囲内にあるか否か（居宅サービスの場合）等を確認し、保険給付の可否および金額を決定します。

十　保険給付の制限

社会保険の保険給付は、一定の保険事故が発生した場合に、被保険者の権利として請求されますが、次のような場合には保険給付が制限されます。

①　監獄等に拘禁された者については、介護給付および予防給付はおこなわれません。

②　市町村は、被保険者の故意の犯罪行為または重大な過失等により、保険事故を発生させ、または要介護状態等の程度を増進させた者については、介護給付および予防給付の全部または一部をおこなわないことができます。

③　市町村は、被保険者が文書提出の求めに応じない等の場合に介護給付および予防給付の全部または一部をおこなわないことができます。

第七章　サービス提供者

介護保険の対象サービスを提供できる者は、指定居宅サービス事業者、指定居宅介護支援事業者および介護保険施設の三つです。

一　指定居宅サービス事業者

居宅サービス事業とは、居宅サービスをおこなう事業をいいますが、居宅サービスには訪問介護、訪問入浴介護、訪問看護、訪問リハビリテーション、居宅療養管理指導、通所介護、通所リハビリテーション、短期入所生活介護、短期入所療養介護、痴呆対応型共同生活介護、特定施設入所者生活介護および福祉用具貸与の一二種類があります。

これらの居宅サービス費の支給をうけるためには、要介護者等は都道府県知事の指定をうけた指定居宅サービス事業者から指定居宅サービスをうけることが必要です。

都道府県知事の指定は、居宅サービス事業をおこなう者の申請により、サービスの種類および事業所ごとにおこなわれます。

1　指定の要件

指定の要件は次のとおりです。

①　申請者が法人格を有すること

②　当該申請にかかる事業所の従業員の知識、技術および人員が厚生省令でさだめる基準および員数をみたしていること

③　申請者が厚生大臣がさだめる事業の設備および運営にかんする基準にしたがって適正な居宅サービス事業の運営をすることができると認められること

2　指定の特例

病院、診療所、薬局については、健康保険法にもとづき保険医療機関や保険薬局の指定があったとき、または特定承認保険医療機関の承認があったときは、その指定または承認のときに、別

段の申し出がない限り、当該病院等の開設者について、当該病院等によりおこなわれた居宅サービス（病院または診療所では居宅療養管理指導、訪問看護および訪問リハビリテーションの三種類、薬局では居宅療養管理指導のみ）にかかる指定があったものとみなされます。

また、介護老人保健施設または介護療養型医療施設については、介護保険法にもとづき許可または指定があった場合には、別段の申出がない限り、居宅サービス（介護老人保健施設では短期入所療養介護および通所リハビリテーション、介護療養型医療施設では短期入所療養介護のみ）にかかる指定があったものとみなされます。

3　指導・監督

都道府県知事は、居宅サービス費等の支給にかんして必要があると認めるときは、事業者等にたいし報告と帳簿書類の提出・提示を命じたり、出頭をもとめ、質問し、設備・帳簿書類等の検査等をおこなうことができます。

4　指定の取消し

都道府県知事は、事業者が次のいずれに該当する場合には、指定の取消しをおこなう

※　みなす・推定

「みなす」は、本来異なるものを法令上一定の法律関係について同一のものとして認定してしまうことをいいます。

これに対し「推定」は、当事者間に別段の取り決めのない場合または反証があがらない場合に、ある事柄について法令が一応こうであろうという判断をくだすことをいいます。

ことができます。

① 従業員の知識、技能および人員について、厚生省令でさだめる基準または員数をみたすことができなくなったとき

② 設備・運営にかんする基準にしたがって適正な指定居宅サービスの事業運営をすることができなくなったとき

③ 居宅サービス費の請求にかんし不正があったとき

④ 知事の報告、帳簿書類の提出・提示命令に従わず、または虚偽の報告をしたとき

⑤ 出頭の求めに応ぜず、質問に答弁せず、虚偽の答弁をし、検査を拒み、妨げ、忌避したとき。ただし、従業員の行為については、事業者が相当の注意・監督を尽くしたときをのぞく。

⑥ 不正の手段により指定をうけたとき

市町村は、このうち②および③に該当すると認めるときは、その旨を都道府県知事に通知することができます。

二　指定居宅介護支援事業者

居宅介護支援事業とは、居宅介護支援をおこなう事業をいいますが、居宅介護支援とは居宅の要介護者等の依頼をうけて次のようなことをおこないます。

◇居宅の要介護者等が、指定居宅サービス等および居宅で日常生活を営むために必要な保健医療サービスや福祉サービスの適切な利用等をすることができるようにすること

◇要介護者等が利用する指定サービス等の種類、内容、担当者等をさだめた計画（居宅サービス計画＝ケアプラン）を作成すること

◇居宅サービス計画にもとづく指定居宅サービス等の提供が確保されるよう、事業者等との連絡調整その他の便宜をはかること

◇要介護者等が介護保険施設への入所を要する場合には介護保険施設への紹介その他の便宜をはかること

都道府県知事の指定は指定居宅サービス事業者に準じますが、厚生省令でさだめる員数の介護支援専門員を必ず置かなければなりません。

◎　介護支援専門員（ケアマネージャー）

介護支援専門員は、要介護者等からの相談に応じたり、要介護者等が適切なサービスを利用できるよう、市町村、事業者、施設等との連絡調整等をおこなう者で、要介護者等が自立した日常生活を営むのに必要な援助にかんする専門的知識および技術を有する者として省令でさだめる者です。具体的には、介護支援専門員実務講習の修了者がなれますが、この実務講習をうけるためには実務講習受講者試験にうからなければなりません。

介護支援専門員は、指定介護支援事業者および介護保険施設には必置で、介護サービス計画の作成、事業者等との連絡調整をおこなうなど介護支援サービスの実務で大切な役割をにないます。また、支援事業者等が認定調査の委託をうけた場合には、調査業務にあたり、その場合には守秘義務が課せられ、刑法等の罰則については公務に従事する職員とみなされます。

三　基準該当サービスの事業者

法人格、人員基準、設備・運営基準などの指定要件の一部をみたしていない事業者のうち、一定水準をみたすサービスを提供できる事業者のサービスについても保険給付の対象とすることができます。これを基準該当サービスといいます。

基準該当サービスをおこなう事業者の要件については次のような観点から基準がさだめられています。

① 多様な事業主体の参入をうながす観点から、サービスの質の確保に留意しながら、サービス提供の実態があり、要件緩和の必要なサービスについて、従業員の人数要件を中心とした人員・設備・運営基準の緩和をはかる。

② 法人格がない場合も、個人事業主または組織体により事業としておこなわれるものを対象とする。

四　離島等における相当サービスの事業者

指定居宅サービス等の確保が困難な離島等における指定サービスや基準該当サービスに相当するサービスについて、市町村が必要と認める場合には保険給付の対象となります。

法人格は不要であり、人員・設備基準もありませんが、次のような地域が対象になります。

③ 人口規模が小さいためにサービス利用者が少なく、労働力の確保が困難な地域

④ 交通が不便なためにサービスの提供が不効率等で、事業者の参入が期待できない地域

五　介護保険施設

介護保険施設とは、指定介護老人福祉施設、介護老人保健施設および指定介護療養型医療施設の三施設をいいます。

介護保険施設も、都道府県知事の指定または許可をうけることによって、保険給付の対象となります。

1　指定介護老人福祉施設

指定介護老人福祉施設は、老人福祉法に規定する特別養護老人ホームであって、入所の要介護者にたいし、施設サービス計画にもとづいて、介護その他日常生活上の世話、機能訓練、健康管理および療養上の世話をおこなうことを目的とする施設です。

特別養護老人ホームは、知事の指定をうけることにより、指定介護老人福祉施設として施設給付の対象となります。

指定の要件は次のとおりです。

① 厚生省令でさだめる員数の介護支援専門員その他の従業員を有していること
② 厚生大臣がさだめる設備・運営にかんする基準にしたがって適正な運営をすることができるものと認められること

その他、指導・監督、指定の取消し等は指定居宅サービス事業者と基本的におなじですが、指定の取消事由として、要介護認定等手続で訪問調査の委託をうけた場合において、その調査結果で虚偽の報告をしたときがくわえられています。

2　介護老人保健施設

介護老人保健施設は、要介護者にたいし、施設サービス計画にもとづいて、看護、医学的管理のもとにおける介護および機能訓練その他必要な医療ならびに日常生活上の世話をおこなうことを目的とする施設です。

介護老人保健施設は、介護保険法にその設置の根拠規定があり、知事の開設許可をうけなければ事業を運営できず、開設許可をうければ別途に指定をうける必要がありません。

開設許可の要件は次のとおりです。

① 開設者が地方公共団体、医療法人、社会福祉法人その他厚生大臣がさだめる者であること
② 施設が厚生省令でさだめる施設基準および医師等の人員を有していること

③　厚生大臣がさだめる設備・運営にかんする基準にしたがって適正な施設運営をすることができると認められること

その他、広告制限、指導・監督、設備の使用制限、許可の取消し等についてさだめられています。

3　指定介護療養型医療施設

指定介護療養型医療施設は、療養型病床群等を有する病院または診療所であって、入院の要介護者にたいし、施設サービス計画にもとづいて、療養上の管理、看護、医学的管理のもとにおける介護その他の世話および機能訓練その他必要な医療をおこなうことを目的とする施設です。

療養型病床群等は、知事の指定をうけることにより、指定介護療養型医療施設として施設給付の対象となります。

第八章　介護保険事業計画

介護保険制度は、要介護者等にたいして、必要な介護サービスが適切に提供されることを目指しています。そのために、保険者である市町村は、介護保険事業が、計画的・系統的で円滑に実施できるように「介護保険事業計画」を策定しています。

この介護保険事業計画は、介護保険制度の運営の基本となるものであって、それぞれの市町村における介護保険の給付対象となるサービスの種類ごとの量の見込み等についてさだめられ、保険料算定の基礎となる等、介護保険事業の運営の基盤となる重要な位置にあります。

一　市町村介護保険事業計画

市町村は、厚生労働大臣がさだめる基本指針にそくして、三年ごとに、五年を一期とする市町村介護保険事業計画をさだめなければなりません。

介護保険制度は、二〇〇〇年四月から実施されていますので、全国の市町村は介護保険事業計画を一九九九年度中には策定しており、計画期間は二〇〇〇年度から二〇〇四までの向こう五年間で、三年後の二〇〇二年度には見直しがおこなわれ、二〇〇三年度から二〇〇七年度の次の計画が策定されることになります。

1 計画の内容

介護保険事業計画には、次のような事項がもりこまれています。

① 各年度における保険給付の対象となる介護サービスの種類ごとの量の見込み
② 保険給付の対象となるサービス見込量の確保のための方策
③ 事業者間の連携の確保その他の保険給付の対象となるサービスの円滑な提供をはかるための事業にかんする事項
④ その他保険事業の円滑な実施をはかるために市町村が必要と認めること

この計画は、各市町村のサービス水準をしめし、また、保険料算定の基礎となることなどから策定にあたっては、要介護者等の人数、要介護の程度、介護サービス利用意向等の実態調査にもとづいて実態を把握し、勘案する必要があります。

2　計画の策定手続

策定手続きについては、「市町村は、市町村介護保険事業計画を定め、又は変更しようとするときは、あらかじめ、被保険者の意見を反映させるために必要な措置を講ずるものとする。」と住民参加が法定されています。これをうけて、実態調査のほかに、広報活動や懇談会をきめこまかにおこなうとともに、策定委員会等を設置して被保険者の意見を反映させる努力をしてきています。策定委員会等の委員の一部については、ひろく公募等の方法もとられ、市民の主体的な参加の道もひらかれてきています。

なお、策定・見直しにあたっては、一部の専門的な調査等をのぞいて、民間機関への全面委託はさけるべきで、大変な作業ですが、できるかぎり市町村の手づくりの方針をつらぬくべきでしょう。

3　老人保健福祉計画との関係

介護保険事業計画は、老人保健福祉計画やその他の法律にもとづく計画であって要介護者等の保健・医療・福祉にかんする事項をさだめているものと調和が保たれる必要があります。

このうち老人保健福祉計画は、介護保険の給付対象以外の保健福祉事業をふくめた高齢者にかかわる保健福祉事業全般にわたる供給体制の確保にかんする総合計画として策定されています。したがって、介護保険事業計画と老人保健福祉計画とでは、介護保険の給付対象サービスにかんしては共通しており、また介護保険の給付対象外サービスとも十分に連携をとって事業をおこなう必要がありますので、両計画は調和のとれたものとして策定することがもとめられています。

介護保険事業計画の策定にあわせて、老人保健福祉計画の見直し作業もおこなわれています。

【課題】

介護保険事業計画によって、それぞれの市町村の介護サービスの量（給付）と保険料（負担）がきまります。したがって、要介護者等の実態調査にもとづいた精度の高い計画にする必要があります。また、策定委員会等への市民参加はもとより、まったく新しい制度でもありますので、地区別の懇談会の開催などによって制度の周知をはかるとともに、意見・要望を計画に反映させる努力がもとめられています。

この計画によって、各市町村の介護保険事業へのとりくみがきまりますので、計画の策定・見直しは重要課題の一つにあげられます。

二　都道府県介護保険事業支援計画

都道府県は計画づくりにおいても、広域的自治体の立場から基礎的自治体である市町村を支援する重要な役割をになっています。

そこで、都道府県は、厚生労働大臣のさだめる基本指針にそくして、三年ごとに、五年を一期とする都道府県介護保険事業支援計画をさだめることとされています。

介護支援計画には、次のような事項がさだめられます。

① 当該都道府県がさだめる区域における各年度の介護保険施設の種類ごとの必要入所定員総数その他介護等サービス量の見込み

② 介護保険施設その他介護等サービスを提供するための施設の整備にかんする事項

③ 介護支援専門員その他介護等サービス従事者の確保または資質の向上に資する事業にかんする事項

④ 介護保険施設相互間の連携の確保にかんする事業その他介護等サービスの円滑な提供をはかるための事業にかんする事項

⑤ その他介護保険事業にかかる保険給付の円滑な実施を支援するために都道府県が必要と

認める事項

この計画は、都道府県老人保健福祉計画、医療計画その他の法律による計画であって、要介護者等の保健・医療・福祉にかんする事項をさだめたものと調和が保たれなければなりません。

なお、都道府県知事は、市町村にたいし市町村介護保険事業計画の作成上の技術的事項について必要な助言をすることができます。

三　基本指針

国には、各種施策の全国基準ないし指針をつくる役割があります。

介護保険事業については、厚生労働大臣が介護保険事業にかかる保険給付の円滑な実施を確保するための基本的な指針（基本指針）をさだめることとされています。

基本指針には、次のような事項がさだめられています。

① 保険給付の対象となる介護サービスの提供体制の確保にかんする基本的事項

② 市町村介護保険事業計画において、介護サービスの種類ごとの量の見込みをさだめるにあたって参酌すべき標準その他市町村介護保険事業計画および都道府県

※ 中央省庁の再編

二〇〇一年一月六日から中央省庁の再編によって「厚生省」は「厚生労働省」に、「自治省」は「総務省」にそれぞれ変っています。

介護保険事業支援計画の作成にかんする事項

③　その他、介護保険事業にかかる保険給付の円滑な実施を確保するために必要な事項

厚生労働大臣は、基本指針をさだめ、または変更するにあたっては、あらかじめ、総務大臣その他関係行政機関の長に協議しなければなりません。また、基本指針をさだめ、または変更したときは、これを公表しなければなりません。

また、国は市町村または都道府県がそれぞれの計画にさだめられた事業を実施しようとするときは、それらの事業が円滑に実施されるよう必要な助言、指導その他の援助につとめるものとされています。

第九章　保健福祉事業

市町村は介護保険制度の下で、保健福祉事業をおこなうことができます。

保健福祉事業をおこなう場合には、介護保険法では明定されていませんが、条例のさだめによるべきでしょう。

保健福祉事業の財源は、基本的に一号保険料でまかなわれることになります（③をのぞく）。

保健福祉事業には、次のようなものがあります。

① 介護方法の指導等介護者等にたいする支援事業
② 要介護状態の予防事業
③ 直営介護サービスの運営等必要な事業
④ 利用者負担にたいする資金の貸付等

なお、保健福祉事業は、市町村特別給付と異なり、事業の対象者は要介護者・要支援

《上乗せ・横出し等の概念図》

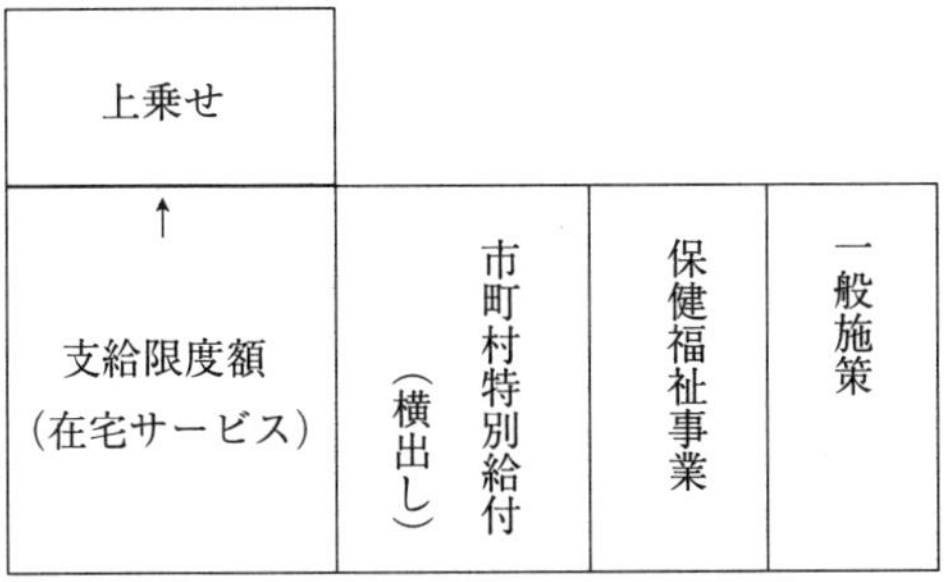

者にかぎられません。

【課題】

保健福祉事業の実施も、支給限度額の上乗せおよび市町村特別給付による横出しと同様に、市町村の政策判断にかかっています。一号保険料および一般財源の負担等を見極めた責任ある財源の裏付けのもとに事業化される必要があります。

第十章　権利保護制度

被保険者が、不利益をこうむった場合の保護手続きとして、苦情対応、審査請求および訴訟があります。また、不利益をこうむらないように、事前の権利保護制度も整備されてきています。

一　苦情対応

1　国民健康保険団体連合会

国民健康保険団体連合会（国保連）は、指定居宅サービス、指定居宅介護支援および指定施設サービス等の質の向上にかんする調査ならびに指定居宅サービス事業者、指定居宅介護支援事業者および介護保険施設にたいする必要な指導・助言をおこなう機関に位置づけられています。これがオンブズマン機能といわれているものです。

国保連は、次のような場合の苦情をあつかいます。

① 申立人が直接、国保連に申し立てた場合

② 市町村において解決できない場合

2 市町村

市町村は保険者として、利用者のサービスにかんする苦情に対応する必要があります。そのために、各市町村では苦情対応のための仕組みづくりをすすめています。市町村の苦情対応にかんする役割と権限には次のようなものがあります。

① 相談・苦情への対応

② 事業者等にたいする調査

③ 指定居宅サービス事業者等について、指定基準違反にかかる都道府県への通知

④ 事業者等への指導・助言

3 事業者および施設

※ オンブズマン

行政監察官あるいは苦情処理担当者をいい、高い権威をもった機関（独任制）で、行政に関する苦情をうけ付け、調査し、救済の勧告をするとともに、独自に行政のあり方を調査する権限をもっている。

代理人を意味するスウェーデン語のオンブードがその語源です。

オンブズパーソンともいいます。

指定居宅サービス事業者、指定居宅介護支援事業者および介護保険施設は、現実のサービス提供者として、第一次的に苦情に対応しなければなりません。

事業者および施設の苦情対応には次のようなものがあります。

① みずからが提供するサービスの質の評価
② 苦情にたいする迅速かつ適切な対応
③ 市町村がおこなう調査への協力および指導・助言にしたがい必要な改善
④ 国保連がおこなう調査への協力および指導・助言にしたがい必要な改善

二 審査請求

1 介護保険審査会

保険者である市町村がおこなった行政処分にたいする不服申立ての審理・裁決をおこなう専門の第三者機関として、都道府県に介護保険審査会がおかれています。

介護保険審査会は、被保険者代表委員三人、市町村代表委員三人、公益代表委員三人以上（条例でさだめる。）で組織されます。

介護保険審査会には、要介護・要支援認定にかんする処分にたいする審査請求の事件にかんし、専門の事項を調査させるために保健・医療・福祉の学識経験者を専門調査員としておくことができます。

2　審査請求の対象となる処分

審査請求の対象となる処分には次のようなものがあります。

(1) 保険給付にかんする処分

① 要介護・要支援認定にかんする処分

② 被保険者証の交付の請求にかんする処分

③ 居宅介護サービス費等の支給にかんする処分

④ 給付制限等にかんする処分

(2) 保険料その他徴収金にかんする処分

① 保険料にかんする処分

② 不正利得の徴収処分

③ 徴収金にかかる滞納処分

《介護保険法上の委員会等》

名称	設置者	任務	委員の構成	任命等
介護認定審査会	市町村	要介護状態等の審査・判定	定数は条例で定め、保健医療・福祉に関する学識経験を有する者	市町村長が任命
介護給付費審査委員会	国保連	介護給付費請求書の審査	サービス担当者、市町村および公益の代表者	国保連が委嘱
介護保険審査会	都道府県	保険給付等に関する不服審査	被保険者（３人）、市町村（３人）および公益（３人以上）の代表者	知事が任命

3　審査請求の期間

審査請求は、原則として処分があったことを知った日の翌日から起算して六〇日以内に文書または口頭でしなければなりません。

4　裁決

審査請求にたいする裁決結果については、裁決書が審査請求人および処分庁（市町村）に送付されます。

裁決には次の三とおりがあります。

◆**却下の裁決**

審査請求の要件を欠いた場合で、内容審査までいたらなく、いってみれば門前払いです。

◆**棄却の裁決**

審査請求に理由のない場合

◆**容認の裁決**

審査請求に理由がある場合に処分の全部または一部を取り消します。

※　**不服申立ての種類**

行政処分等にたいする不服申し立ての種類には、「審査請求」と「異議申立て」があります。審査請求は処分庁に上級行政庁があるとき、または法律に審査請求できる旨のさだめがある場合にでき、異議申立ては処分庁に上級行政庁がないときや法律に異議申立てすることができる旨のさだめがある場合等にできます。審査請求にたいしては「裁決」が、異議申立てに対しては「決定」がだされます。

三　訴訟

被保険者の権利をまもる最後のトリデは裁判所です。

審査請求にたいする裁決に不服がある場合には、裁判所に保険給付にかんする処分や保険料等徴収金にかんする処分の取消しを訴えることができます。

ただし、審査請求の対象となる処分の取り消しをもとめる裁判所への訴えは、当該処分についての審査請求にたいする裁決をへた後でなければ提起できません(審査請求前置主義)。

四　事前権利保護制度

介護保険制度の実施により、介護サービスの利用関係が措置制度から契約によるサービスへと変わりましたが、判断能力の不十分な痴呆性高齢者などがサービスを利用することを支援する制度が必要不可欠となりました。判断能力の不十分な高齢者等の権利を保護する制度として、地域福祉権利擁護事業と成年後見制度があります。

1　地域福祉権利擁護事業

痴呆性高齢者など自己決定能力の低下した者の福祉サービスの利用を支援する事業で、民法改正等で導入された成年後見制度を補完するものです。

地域福祉権利擁護事業は、都道府県社会福祉協議会を実施主体としますが、市町村社会福祉協議会等に委託できることになっています。サービスの内容は、福祉サービスの利用手続、利用料の支払手続、苦情解決制度の利用手続などの福祉サービスの利用援助のほかに、日常的金銭管理サービスや書類等の預かりサービスとなっています。

援助は、次のような手順でおこなわれます。

○　まず、本人、家族、民生委員などの多様な経路から市町村社会福祉協議会や都道府県社会福祉協議会に相談がよせられます。

○　この相談のなかから、本事業による援助の必要のあるケースについて、事業委託先の市町村社会福祉協議会に連絡され、利用者と面接・相談をへて、利用者個々人に適した支援計画を作成し、契約をむすびます。その後、支援計画にもとづいて、実際のサービスが提供されます。

○　契約がむすばれるまでは、主に専門員が担当し、支援計画にもとづく実際のサービス提供は主に生活支援員が担当します。支援計画は、専門員によって定期的に見直され、必要があれば支援計画の内容を変更して、契約をむすび直します。

○　契約の終了は、①本人が解約の申し出をしたとき、②本人の施設入所、長期入院や転居のために援助をつづけることがむずかしくなったとき、③本人の意思を確認できないために適切な支援計画を作成できなくなったときです。

2　成年後見制度

民法の改正および任意後見契約に関する法律の制定によって、成年後見制度が整備されました。成年後見制度は、判断能力が不十分な成年者（痴呆性高齢者、知的障害者、精神障害者等）を保護する制度です。

まず、民法の一部改正で、従来の禁治産・準禁治産制度について、各人の多様な判断能力および保護の必要性の程度に応じた柔軟かつ弾力的な措置をとれる制度とするために、補助（新設）、補佐および後見の制度に改められました（法定後見制度）。

また、任意後見契約に関する法律の制定によって、公的機関の監督をともなう任意代理人制度がつくられました（任意後見制度）。

任意後見制度では、本人が契約の締結に必要な判断能力を有している間に、みずからが選んだ任意後見人にたいし、精神上の障害により判断能力が不十分な状況になったときの自己の生活、療養看護および財産管理にかんする事務の全部または一部について代理権を与える契約をむすび、家庭裁判所が任意後見監督人を選任したときから契約の効力が発生する旨の特約を付すことによって任意後見契約をむすぶことになります。

任意後見契約の方式は、公証人の作成する公正証書によることが必要で、公正証書が作成されると公証人から登記所への嘱託により、任意後見契約の登記がおこなわれます。

第十一章　罰則

介護保険法のなかには、関係者が守るべき義務規定ももりこまれていますが、これらの規定に違反した者には罰則が適用されます。その主なものをみておきましょう。

一　刑法上の刑罰

1　秘密をもらした行為

①　介護認定審査会等の委員または委員であった者が、正当な理由なしに職務上知りえた指

定居宅サービス事業者等の業務上の秘密または個人の秘密をもらしたとき、一年以下の懲役または五〇万円以下の罰金に処せられます。

② 要介護認定の申請があったときの調査の委託をうけた指定居宅介護支援事業者等の役員や介護支援専門員等で、正当な理由なしに、委託業務にかんして知りえた秘密をもらした者は、おなじ刑罰に処せられます。

2 介護老人保険施設にかんする違反行為

介護老人保健施設にかんして広告制限、設備の使用制限等または変更命令に違反した者は、六月以下の懲役または三〇万円以下の罰金に処せられます。

3 医療保険関係者の違反行為

健康保険組合等の医療保険者の役員・職員等が、権限のある者からもとめられた報告や物件の提出をしなかったり、虚偽報告や虚偽記載文書の提出したり、権限ある者の実地検査を拒み、妨げ、忌避したときは、三〇万円以下の罰金に処せられます。

4　保険給付をうけた者の違反行為

保険給付を受けた者が、知事等の求めた報告をせず、あるいは虚偽の報告をし、または質問に答弁せず、あるいは虚偽の答弁をしたときは、二〇万円以下の罰金に処せられます。

二　行政罰

行政上の義務違反にたいして科せられる行政罰として、市町村は、条例で、第一号被保険者が資格の取得や喪失の届出をしなかったり、虚偽の届出をしたり、被保険者が被保険者証の提出のもとめに応じなかったような場合には、過料に科する規定をもうけることができます。

※刑罰と行政罰

刑罰は犯罪を犯した者にたいする処分で、刑法には刑（罰）の種類として死刑、懲役、禁固、罰金、拘留および科料を主刑とし、また没収を付加刑として規定しています。

行政罰は行政上の義務違反者にたいする制裁として科せられ、過料があります。自治体は条例の違反者に対して2年以下の懲役、禁固、10万円以下の罰金、拘留、科料または没収の刑を科する旨の規定をもうけることができ、また自治体の規則に違反した者にたいしては5万円以下の過料を科する旨の規定をもうけることができるものとされています。

第十二章　制度の検討・見直し

日本がめざす介護保険制度はドイツに先例があるだけの全く新しい制度です。オランダやオーストラリアの制度は医療保険の一環であったり、現金給付だけであり趣を異にします。確かに保険料負担やサービス不足などの不安、問題をかかえながらのスタートでしたし、これからも新しい問題がでてくることも十分に考えられます。

しかし、年ごとに深刻さをまし、待ったなしの介護問題への対応として国民多数の合意のもとでできあがった制度です。

事業を実施していくなかで、問題点の解決につとめながらより良い制度につくりあげていきたいものです。一定期間の経過後には制度の全体的な見直しも必要です。

介護保険法の附則のなかに四か条にわたって、制度の検討・見直し等をおこなうことが規定されています。

一　制度全体の検討・見直し

この法律の施行後五年をメドとして、介護保険制度全般に検討をくわえ、その検討結果にもとづいて必要は見直し等の措置が講じられます。

検討するにあたっては、次のようなことに留意されなければなりません。

① 要介護者等にかかる保健医療サービスおよび福祉サービスを提供する体制、保険給付に要する費用の状況、国民負担の推移、社会経済の情勢等を勘案すること

② 障害者福祉にかかる施策、医療保険制度等との整合性および市町村がおこなう介護保険事業の円滑な実施に配慮すること

③ 被保険者および保険給付をうけられる者の範囲、保険給付の内容および水準、保険料（国保税・掛金をふくむ）および納付金の負担のあり方をふくめること

二　介護給付費等の割合にかんする検討

政府は、この法律施行後、必要があると認めるときは、居宅サービス、施設サービス等に要する費用にしめる介護給付費等の割合について、検討をくわえ、その結果にもとづいて所要の措置を講じます。

検討にあたっては、保険給付に要する費用の動向、保険料負担の状況等が勘案されます。

三　事業者および施設にかんする検討

政府は、この法律の施行後一〇年を経過した場合において、指定居宅サービス事業者、指定居宅介護支援事業者および介護保険施設にかんする規定の施行の状況について、検討をくわえ、その結果にもとづいて必要な措置を講じます。

政府は、以上のような検討をするにあたって、自治体その他関係者から、検討事項にかんする意見の提出があったときは、その意見を十分に考慮しなければならないものとされています。

【課題】

介護保険法のなかにはっきりと、検討、見直しにかんする規定がもうけられています。しかも、検討にあたっては自治体などから出された意見について十分に考慮することになっています。この規定を市民・利用者の立場からおおいに活用し、問題点や解決策について提起していくべきでしょう。

【参考資料】

介護保険制度の法系

《法律》

● 介護保険法

● 介護保険法施行法

《政令》

◎ 介護保険法施行令

◎ 介護保険法第八条の審議会を定める政令

◎ 医療保険福祉審議会令

◎ 介護保険の国庫負担金の算定等に関する政令

政令:4本

《省令》

○ 介護保険法施行規則

○ 介護支援専門員に関する省令

○ 指定居宅サービス等の事業の人員、設備及び運営に関する基準

○ 指定居宅介護支援等の事業の人員及び運営に関する基準

○ 指定介護老人福祉施設の人員、施設及び設備並びに運営に関する基準

○ 介護老人保健施設の人員、施設及び設備並びに運営に関する基準

○ 指定介護療養型医療施設の人員、設備及び運営に関する基準

○ 介護保険法施行令第三十七条第1項第三十四号に掲げる規定として厚生大臣が定めるものを定める省令

○ 介護保険の医療保険者の納付金の算定等に関する省令

○ 社会保険診療報酬支払基金の介護保険関係業務に係る業務方法書に記載すべき事項を定める省令

○ 社会保険診療報酬支払基金の介護保険関係業務に係る財務及び会計に関する省令

○ 要介護認定等に係る介護認定審査会による審査及び判定の基準等に関する省令

○ 介護給付及び公費負担医療等に関する費用の請求に関する省令

○ 訪問介護員に関する省令

○ 介護保険の調整交付金の交付額の算定に関する省令

省令＝１５本

《告示》

◇ 厚生大臣が定める福祉用品貸与に係る福祉用具の種目

◇ 厚生大臣が定める居宅介護福祉用具購入費等の支給に係る特定福祉用具の種目

◇ 厚生大臣が定める居宅介護住宅改修費等の支給に係る住宅改修の種類

◇ 厚生大臣の定める介護老人保健施設を開設できる者

◇ 介護保険事業に係る保険給付の円滑な実施を確保するための基本的な指針

◇ 指定居宅サービスに要する費用の額の算定に関する基準

◇ 指定居宅介護支援に要する費用の額の算定に関する基準

◇ 指定麓設サービス等に要する費用の額の算定に関する基準

◇ 要介護認定等基準時間の推計の方法

◇ 厚生大臣が定める一単位の単価

以下略

告示：４９本

《参考文献》

◎高齢化問題

東京大学公開講座『高齢化社会』東京大学出版会　一九七九年
一番ケ瀬康子・古林佐知子『「老人福祉」とは何か』ミネルヴァ書房　一九八八年
大熊由紀子『「寝たきり老人」のいる国いない国』ぶどう社　一九九〇年
同朋大学老人問題研究会『長寿社会における老人問題』中央法規出版　一九九二年
大熊一夫・大熊由紀子編著『ほんとうの長寿社会をもとめて』ぶどう社　一九九二年
宮崎　洋『高齢化時代の社会経済学』岩波書店　一九九二年
京極高宣『高齢者ケアを拓く』中央法規出版　一九九三年
倉田和四生・浅野仁『長寿社会の展望と課題』ミネルヴァ書房　一九九三年
斉藤弥生・山井和則『高齢社会と地方分権』ミネルヴァ書房　一九九四年
針生誠吉・小林良二『高齢社会と在宅福祉』日本評論社　一九九四年
財）厚生問題研究会編『どう支える超高齢社会』中央法規出版　一九九四年
金子勇『高齢社会何がどう変わるか』（新書）講談社　一九九五年
木村栄『どこでどう老いるか』（新書）講談社　一九九六年
岡本祐三『高齢者医療と福祉』（新書）岩波書店　一九九六年
宮島洋『高齢社会へのメッセージ』（新書）丸善　一九九七年
和田秀樹『75歳現役社会論』日本放送出版協会　一九九七年
小笠原祐次他編『高齢者福祉』有斐閣　一九九七年
井上俊他編『成熟と老いの社会学』岩波書店　一九九七年
石山英『超高齢化社会の経済学』日本評論社　一九九八年

金子　勇『高齢社会とあなた』日本放送出版協会　一九九八年
竹中星郎『高齢者の孤独と豊かさ』日本放送出版協会　二〇〇〇年

◎少子化問題
福田志津枝編著『これからの児童福祉』ミネルヴァ書房　一九九三年
落合恵美子『21世紀家族へ』有斐閣　一九九四年
大淵　寛『少子化時代の日本経済』日本放送出版協会　一九九七年
西沢哲『子どものトラウマ』（新書）講談社　一九九七年
柏女霊峰・山縣文治編集『新しい子ども家庭福祉』ミネルヴァ書房　一九九八年
庄子洋子他編『家族・児童福祉』有斐閣　一九九八年
鈴木りえこ『超少子化―危機に立つ日本社会』（新書）集英社　二〇〇〇年

◎社会福祉・福祉改革
小室豊允『90年代福祉政策を読む』中央法規出版　一九九〇年
園田恭一『保健・医療・福祉と地域社会』有信堂　一九九一年
大山博・武川正伍編『社会政策と社会行政』法律文化社　一九九一年
巡　静一『在宅福祉とボランテイア』勁草書房　一九九一年
河合克義編著『これからの在宅福祉サービス』あけび書房　一九九一年
木村文勝・武藤泰明『日本の人口問題』（日経文庫）日本経済新聞社　一九九二年
古川孝順編『社会福祉供給システムのパラダイム転換』誠信書房　一九九二年
岡本祐三『医療と福祉の新時代』日本評論社　一九九三年
右田紀久恵編著『自治型地域福祉の展開』法律文化社　一九九三年
三浦文夫編『社会福祉の現代的課題』サイエンス社　一九九三年

ジュリスト増刊『高齢社会と在宅ケア』有斐閣　一九九三年
山下袈裟男編著『転換期の福祉政策』ミネルヴァ書房　一九九四年
ジュリスト増刊『福祉を創る』有斐閣　一九九五年
古川孝順『社会福祉改革』誠信書房　一九九五年
梅里毎治他編『地域福祉』有斐閣　一九九五年
ジュリスト増刊『転換期の福祉問題』有斐閣　一九八六年
丸尾直美『市場指向の福祉改革』日本経済新聞社　一九九六年
荒木誠之『社会保障法読本』有　閣　一九九六年　新版
定藤丈弘他編『社会福祉計画』有斐閣　一九九六年
山手茂『福祉社会形成とネットワーキング』亜紀書房　一九九六年
堀　勝洋『現代社会保障・社会福祉の基本問題』ミネルヴァ書房　一九九七年
金子　勇『地域福祉社会学』ミネルヴァ書房　一九九七年
川上　武『21世紀への社会保障改革』勁草書房　一九九七年
水野肇『医療・保険・福祉改革のヒント』（新書）中央公論社　一九九七年
西村周三『医療と福祉の経済システム』（新書）筑摩書房　一九九七年
田中尚輝『ボランティアの時代』岩波書店　一九九八年
本間正明・跡田直澄編『21世紀日本型福祉社会の構想』有斐閣　一九九八年
地主重美・堀勝洋『社会保障読本』東洋経済新報社　一九九八年
広井良典『日本の社会保障』（新書）岩波書店　一九九九年
正村公宏『福祉国家から福祉社会へ』筑摩書房　二〇〇〇年

◎介護福祉・介護保険

古川孝順他編『介護福祉』有斐閣　一九九六年

渡辺俊介『介護保険の知識』（新書）日本経済新聞社　一九九七年
斉藤義彦『そこが知りたい公的介護保険』ミネルヴァ書房　一九九七年
佐藤進・河野正輝『介護保険法』法律文化社　一九九七年
自治体介護保険研究会『ＱａｎｄＡわかりやすい介護保険読本』公人の友社　一九九七年
岡本民夫・井上千津子編『介護福祉入門』有斐閣　一九九九年
佐藤智・大熊由紀子編著『介護保険時代の在宅ケア』日本評論社　一九九九年
自治体介護保険研究会『Ｑ＆Ａわかりやすい介護保険読本［実務編］』公人の友社　一九九九年
春山満『介護保険　何がどう変わるか』（新書）講談社　一九九九年
岩淵勝好『超少子高齢社会と介護保険』中央法規出版　一九九九年
岡本祐三『介護保険の教室』（新書）ＰＨＰ研究所　二〇〇〇年
高齢者介護手続研究会『高齢者介護手続マニュアル』新日本法規出版　二〇〇〇年

◎白書・統計

厚生省監修『厚生白書』各年度版　ぎょうせい
総務庁編『高齢社会白書』平成一二年版　大蔵省印刷局
（財）厚生統計協会編『国民の福祉の動向』一九九九年　厚生統計協会
国立社会保障・人口問題研究所編『「人口の動向　日本と世界」人口統計資料集』二〇〇〇年　厚生統計協会

【著者紹介】

加藤　良重（かとう・よししげ）

　1940年山梨県生まれ。64年明治大学法学部卒業、同年小金井市役所入所。

　学務課、総務課、職員課、企画課、納税課、高齢福祉課を経て、95年から福祉保健部長で現在に至る。

　著書・論文に、『政策法務と自治体』（共著、日本評論社）、『自治体行政の転換と必然性』（「自治体の先端行政」学陽書房）、『自治体財政と減量経営』（「自治体の施策と費用」学陽書房）、『わかりやすい介護保険読本』（共著、公人の友社）、『自治体も「倒産」する』（公人の友社）、『高齢者介護手続マニュアル』（共著、新日本法規出版）などがある。

自治体と福祉改革　―少子・超高齢社会に向けて―

2001年2月5日　初版発行

著　者　　加藤　良重
発行人　　武内　英晴
発行所　　公人の友社
〒112-0002　東京都文京区小石川5－26－8
TEL 03－3811－5701
FAX 03－3811－5795
振替　00140－9－37773